Mahlstedt · Lernkiste Lesen und Schreiben

Dagmar Mahlstedt

Lernkiste Lesen und Schreiben

Fibelunabhängige Materialien zum
Lesen und Schreiben lernen für Kinder mit Lernschwächen

3. Auflage

Beltz Verlag · Weinheim und Basel

Dagmar Mahlstedt, Jg. 1943, Oberstudienrätin an Sonderschulen.

Alle Rechte, insbesondere das Recht der Vervielfältigung und Verbreitung sowie der Übersetzung, vorbehalten. Kein Teil des Werkes darf in irgendeiner Form (durch Fotokopie, Mikrofilm oder ein anderes Verfahren) ohne schriftliche Genehmigung des Verlages reproduziert oder unter Verwendung elektronischer Systeme verarbeitet, vervielfältigt oder verbreitet werden.

Besuchen Sie uns im Internet:
http://www.beltz.de

3., überarbeitete und neu ausgestattete Auflage 1999
Gesetzt nach den neuen Rechtschreibregeln
Lektorat: Peter E. Kalb

© 1994 Beltz Verlag · Weinheim und Basel
Herstellung: Klaus Kaltenberg
Satz: Satz- und Reprotechnik GmbH, Hemsbach
Druck: Druckhaus Beltz, Hemsbach
Umschlaggestaltung: Federico Luci, Köln
Umschlagabb. und Grafiken: Dagmar Mahlstedt
Printed in Germany

ISBN 3-407-62392-5

Inhaltsverzeichnis

Vorwort 11

| **Einführung** |

Lesen und Lesen lernen 17
Schreiben und Schreiben lernen 21
Problemkinder beim Lese-/Schreibanfang. 24
Lesen und Schreiben lernen trotz Lernschwierigkeiten. 27
Anwendung des Baukastensystems 31
    Materialübersicht 31
    Allgemeines zur Anwendung 34
    Lesen und Schreiben lernen nach dem Baukastenprinzip 35
    Verwendung als fibelunabhängiges Zusatzmaterial. 38

| **Baukastenmaterialien** |

Ebene 1 Schriftsprachstrukturen erkennen, verstehen und einprägen durch Sammeln eigener Erfahrungen beim Umgang mit Buchstaben, Lauten und Wörtern 43

Baukasten 1: Geschriebenes untersuchen, vergleichen, anwenden 45

■ Die eigenen Namen 45
   ☐ Namen auf Karten kleben. . . . . Ü 45
   ☐ Namen stempeln. . . . . Ü 46
   ☐ Die Buchstaben des eigenen Namens finden . . . . Ü 46
   ☐ Namen vergleichen. . . . . Ü 47
   ☐ Buchstaben abdecken . . . . Ü 47
   ☐ Namenschilder vertauschen . . . . Ü 47
   ☐ Namen nachspuren und schreiben . . . . Ü 47
   ☐ Namenschlangen. . . . . Ü 49
   ☐ Namen in Robotersprache . . . . Ü 49

| **Zeichenerklärungen:** SP = Spiel / BB = Bilderbuch mit und ohne Text / Ü = Übung |

- Gegenstände der Klasse beschriften .... Ü   49
- Fotoposter und Überschrift .... Ü   50
- Sammlung bekannter Symbole und Schriftzüge aus der Umgebung
  der Schüler .... Ü   50
- Ja – Nein   50
  - ☐ Die »Ja«-Karte .... SP   50
  - ☐ Die »Ja«/»Nein«-Karte .... SP   52
- Kinderbilder beschriften .... Ü   52

Baukasten 2: Buchstaben-Laut-Zuordnung einprägen (Teil 1)   54

Die Buchstabenschränke   54
  Überlegungen vor Beginn der Arbeit   56

Übungen und Spiele zum Verstehen der Buchstabenschränke
und zur Orientierung auf der Tabelle   57
- Begriffe klären   57
- Begriffe festigen   57
  - ☐ Das Plättchen-Spiel .... SP   57
  - ☐ Das Wörterwürfeln .... SP   58
- Anlaute analysieren und den Buchstaben zuordnen
  - ☐ Buchstaben finden .... SP   58
  - ☐ Ich sehe etwas! .... SP   59
  - ☐ Bilder zuordnen .... Ü   59
  - ☐ Buchstaben zuordnen .... Ü   59
  - ☐ Anlaut würfeln .... SP   59
  - ☐ Bildpaare zuordnen .... SP   62
  - ☐ Bildpaar-Hüpfen .... SP   62

Zusätzliche Übungsmöglichkeiten   62
- Buchstaben ertasten .... SP   62
- Buchstaben auf den Rücken schreiben .... SP   62
- Gegenstände des Klassenraumes bezeichnen .... Ü   63
- Groß-Klein-Zuordnung der Buchstaben .... Ü   63

Baukasten 3: Analyse: Laute heraushören und Buchstaben zuordnen   66
- In welchem Wort entdeckst du den gesuchten Laut? .... BB   66
- Anlaut-Lotto .... SP   80
- Ball werfen .... SP   80
- Schiffe beladen .... SP   88
- Was hörst du in der Mitte? .... BB   92
- Robotersprache: Auflautieren .... SP   96
- Anlaut-Domino 1 .... SP   99
- Anlaut-Domino 2 .... SP 102
- Buchstaben kaufen .... SP 104

| Zeichenerklärungen: | SP = Spiel / BB = Bilderbuch mit und ohne Text / Ü = Übung |

Baukasten 4: Sinnerwartung wecken, herausfordern, präzisieren 105

- Wie geht es weiter? .... Ü 105
- Das Hosentaschenbuch 1 .... BB 105
- Das Hosentaschenbuch 2 .... BB 106
- Wer hat das richtige Wort? .... SP 106
- Was gehört zusammen? .... SP 118
- Der Obstsalat und die Zutaten .... Ü 123
- Fotoposter und Beschriftung .... Ü 123
- Zahlenpaare .... SP 124

Baukasten 5: Synthese: Laute zusammenziehen 127

- Lautgebärden .... Ü 127
- Silben hüpfen .... SP 128
- Der Kran .... SP 129
- Der Fahrstuhl .... SP 129
- Die Lok .... SP 131
- Silben würfeln .... SP 131
- »Mi, komm nach Haus!« .... SP 132
- Silben sammeln .... SP 134
- Quartett .... SP 137
- Robotersprache .... SP 137

Ebene 2 Vom Wörterstrukturieren und -wiedererkennen
zum Wörterlesen und -schreiben 143

Baukasten 6: Buchstaben-Laut-Zuordnung einprägen (Teil 2) 144

- Die Buchstabenschränke .... SP 144
- Die Unterscheidung ähnlich klingender Laute 145
  - ☐ Bilder und Buchstaben .... Ü 145
  - ☐ Wörterschlangen .... Ü 145
  - ☐ Unterscheidung mit Wattebällchen .... Ü 145
- Die optische Unterscheidung von b und d .... Ü 145
- Zusätzliche Buchstaben .... Ü 146

- **Baukasten 7: Das Wörterbuch** 147
- Übungsvorschläge zum Wörterbuch 147
  - ☐ Mündliche Lösungen .... Ü 147
  - ☐ Schriftliche Lösungen .... Ü 148

Zeichenerklärungen: SP = Spiel / BB = Bilderbuch mit und ohne Text / Ü = Übung

Baukasten 8: Von der Silbe zum Wort 158

- Silbenrätsel 1 .... Ü 158
- Silbenrätsel 2 .... Ü 158
- Silbenpuzzle .... SP 158
- Wörterpuzzle .... SP 158
- Wörter würfeln .... SP 163

Baukasten 9: Wortlesetraining 164

- Der Lesebus .... SP 164
- Wort-Bild-Zuordnung 1 .... Ü 170
- Wort-Bild-Zuordnung 2 .... Ü 170
- Wort-Bild-Zuordnung 3 .... Ü 170
- Die Wörterschlange 1 .... Ü 174
- Die Wörterschlange 2 .... Ü 174
- Der Spaziergang .... SP 177
- Memory .... SP 183
- Domino .... SP 191
- Das Verben-Puzzle .... SP 194
- Wörter-Angeln .... SP 196

Zusätzlich zu verwendende, käufliche Arbeitsmittel 203

Baukasten 10: Wörter schreiben 204

- Ein Buchstabe verändert das Wort .... Ü 204
- Das Bilderbuch zum Beschriften .... BB 204
- Kreuzworträtsel 1 .... Ü 209
- Kreuzworträtsel 2 .... Ü 211
- Eigene Bilder be-/verschriften .... Ü 212
- Schreiben, was ich kann .... Ü 214

Baukasten 11: Rechtschreiben: Schreibwortschatz 1 215

Auswahl der Wörter 215
Aufbewahrung der Wörter 216
Übungsmöglichkeiten 217
- Vergleichen und Durchgliedern .... Ü 217
- Zeige hoch! .... Ü 218
- Wörter stempeln mit verdeckten Karten .... Ü 218
- Partnerdiktat .... Ü 219
- Schreiben mit Kontrollmöglichkeit .... Ü 219
- Aufstellen zum Wort .... SP 219
- Schön schreiben .... Ü 220

Zeichenerklärungen: SP = Spiel / BB = Bilderbuch mit und ohne Text / Ü = Übung

- Zuordnungsübungen 223
  - □ Zuordnen der bestimmten und unbestimmten Artikel.............. Ü 223
  - □ Zuordnen von »ja« oder »nein«.................................. Ü 223
  - □ Zuordnen von »ist da« oder »ist nicht da«...................... Ü 226
- Schreiben mit dem Wörterbuch .... Ü 226

Ebene 3 Vom Wort- zum Satzlesen und -schreiben 227

Baukasten 12: Erlernen der Schreibschrift................................. 228

- Die Buchstabenschränke mit Schreibschrift .... Ü 228

Zusätzlich zu verwendende, käufliche Arbeitsmittel 232

Baukasten 13: Rechtschreiben: Der erweiterte Schreibwortschatz 233

Von der Druckschrift zur Schreibschrift................................... 233
Auswahl der weiteren Wörter 233
Aufbewahrung der Wörter 234
Übungsmöglichkeiten.. 235
- Vergleichen und Durchgliedern .... Ü 235
- Wörter schreiben mit verdeckten Karten .... Ü 235
- Partnerdiktat .... Ü 235
- Schreiben mit Kontrollmöglichkeit................................. Ü 235
- Aufstellen zum Satz .... SP 235
- Vertauschte Sätze .... SP 236
- Sätze hüpfen... SP 237
- Strichdiktat... Ü 237
- Lückendiktat... Ü 238
- Schreibaufgaben in Sichthüllen.................................... Ü 238
- Verben und Endungen .... Ü 239
- Textschreibweise und erste Zeichensetzung 240

Baukasten 14: Kommunikation mit Schriftsprache........................... 241

- Die Lesemaschine... SP 241
- Das Fragespiel... SP 244
- Das Frage-Antwort-Spiel.. SP 244
- Die Busfahrt.. SP 251
- Der Fragebogen.. 255

Zusätzlich zu verwendende, käufliche Arbeitsmittel 257

Zeichenerklärungen: SP = Spiel / BB = Bilderbuch mit und ohne Text / Ü = Übung

Baukasten 15: Eigene Sätze/Texte schreiben 258

- Sachunterricht und gemeinsamer/eigener Text . . . . Ü 258
- Das (Wochenend-)Tagebuch . . . . BB 262
- Sprechreizbilder verschriften . . . . Ü 264
- Die Pinnwand . . . . Ü 265
- Briefe/Postkarten schreiben . . . . Ü 266

Baukasten 16: Bücher für Leseanfänger 267

Welche Bücher sind empfehlenswert? 267
Tips zur Einrichtung der ersten Klassenbibliothek 269
Wo, wie und wann lesen die Schüler? 270

Anhang

Verwendeter Lesewortschatz 271
Wortkarten – alphabetisch geordnet 273
Abbildungen (mit Rückseitenbeschriftung) – alphabetisch geordnet 279
Alphabetische Liste der am häufigsten gebrauchten Schülerwörter 309
Weiterführende Literatur 312

Die Aussprache der gesprochenen Sprache ist im folgenden Text in der Lautschrift der Association Phonetique International wiedergegeben, wie sie in Fremdsprachenwörterbüchern üblich ist.

Zeichenerklärungen: SP = Spiel / BB = Bilderbuch mit und ohne Text / Ü = Übung

Vorwort

Förderschulklasse 3 gegen Ende des Schuljahres, Montag, 1. Stunde. Die Schüler beginnen nach einem Wochenplan zu arbeiten, den sie vorher mit der Klassenlehrerin besprochen haben. Jedes Kind hat sich die Aufgabe ausgesucht, die es als erstes lösen möchte. Vor Miriam liegt die Seite einer Lesekartei, aber das Mädchen beschäftigt sich nicht damit. Sie sitzt mit verschränkten Armen zurückgelehnt auf ihrem Stuhl und weint leise vor sich hin.

Lehrerin:	»Miriam, was ist los?«
Miriam:	(vorwurfsvoll) »Ich kann das nicht!«
Lehrerin:	(setzt sich neben das Mädchen) »Wo ist das Problem?«
Miriam:	»Ich kann das nicht!«
Lehrerin:	»Was sollst du denn machen?«
Miriam:	»Weiß ich nicht.«
Lehrerin:	»Steht denn kein Arbeitsauftrag auf deinem Zettel?«
Miriam:	»Ich kann das nicht lesen!«
Lehrerin:	»Weißt du denn, wo er steht?«
Miriam:	(zeigt die richtige Zeile) »Da!«
Lehrerin:	»Kennst du die Buchstaben des ersten Wortes?«
Miriam:	»Nee.«
Lehrerin:	»Zeig mir, welche du nicht kennst.«
Miriam:	(zeigt auf den ersten Buchstaben, ein »V«)
Lehrerin:	»Schau nach in deinen Buchstabenschränken und sag mir, wie er heißt!«
Miriam:	(geht mit dem Finger die auf ihrem Tisch befestigte Buchstaben-Laut-Tabelle durch und findet das gesuchte Zeichen): »/f/ oder /w/.«
Lehrerin:	»Und wie heißen die nächsten Buchstaben?«
Miriam:	(lautiert sie).
Lehrerin:	»Kannst du das Wort jetzt lesen?«

Miriam:	»/f/, /e:/, /fe:/, /r/, /fe:r/ ...«
Jörg:	(steht im Hintergrund über den Ringordner der Lehrerin gebeugt, in dem sich ihre Stundenvorbereitung des Tages befindet; er ruft laut quer durch die Klasse) »Frau M., warum stehen Anita und Maria in Ihrem Buch?«
Lehrerin:	(schaut sich um) »Weil ich nachher etwas mit den beiden besprechen möchte. Und wenn du da schon einmal stehst und in meinem Buch liest, dann sag mir doch, was ganz oben steht!«
Jörg:	(schaut nach) »Montag!«
Lehrerin:	»Und darunter? Was steht da?«
Jörg:	(blickt eine Weile konzentriert in den Ordner) »Sie haben so schlecht geschrieben. Das kann man gar nicht lesen! Irgendwas mit Wochenplan.«
Lehrerin:	»Und was meinst du, warum das da steht?«
Jörg:	»Weil wir jetzt nach dem Wochenplan arbeiten sollen.«
Lehrerin:	»Dann fang doch bitte damit an!«
Jörg:	(schlendert brummelnd an seinen Platz, wobei er jeden, an dem er vorkommt, anstubst).

Lehrerin (wendet sich wieder Miriam zu. Das Mädchen hat inzwischen offensichtlich den Arbeitsauftrag erlesen: Verbinde die richtigen Wortteile! Sie arbeitet entsprechend. Die Lehrerin steht auf.)

Die oben geschilderte Situation beschreibt zwei typische Kinder aus einer Förderschulklasse: Miriam und Jörg. Beide sind auf dem Weg, das Lesen zu erlernen. Jeder auf seine Weise und mit den ihm eigenen Schwierigkeiten.

Miriam stößt gleich zu Beginn ihrer Arbeit auf ein kleines Problem: Sie hat vergessen, wie das erste Schriftzeichen auf ihrem Arbeitsblatt lautet werden kann. Daraufhin wird sie nicht aktiv, um es herauszubekommen, obwohl sie durch mehrfache Erfahrungen in dieser Klasse mindestens zwei Möglichkeiten wissen müsste: in der Buchstaben-Laut-Tabelle nachsehen, den Nachbarn fragen. Nein, sie sucht nicht von sich aus eine Lösung, sie holt sich auch keine Hilfe, sondern weicht dem Problem aus, indem sie sich zurücklehnt und (vorwurfsvoll!) weint.

Als sie Hilfe durch die Lehrerin bekommen kann, benennt sie nicht ihre Schwierigkeit, sondern demonstriert, dass sie mit der gesamten Aufgabenstellung total überfordert ist, was offensichtlich nicht stimmt, wie sich kurze Zeit später herausstellt. Aber Miriam braucht (besonders am Montagmorgen nach einem Wochenende zu Hause, das häufig nicht erfreulich gewesen ist) die direkte Zuwendung der Lehrkraft, um starten zu können. Sie fällt damit noch einmal kurz in alte Verhaltensweisen (vor Aufgaben passiv warten, bis jemand sagt, wie sie zu lösen sind) zurück, lässt sich aber willig auf den Weg führen, auf dem sie selbstständig weiterarbeiten kann.

Jörg will Ähnliches bewirken wie Miriam: Aufmerksamkeit und Zuwendung. Aber er macht es ganz anders. Er bleibt nicht still sitzen und wartet. Im Gegenteil: Sein starker Bewegungsdrang lässt ihn aufspringen und in der Klasse herumlaufen, wobei er (wie so oft!) mehrere Kinder bei der Arbeit stört. Jörg unterscheidet sich aber nicht nur darin von Miriam. Er geht auch ganz anders mit der Schriftsprache um. Während das Mädchen noch dazu bewegt werden muss, sich überhaupt mit dem Lesen zu befassen, versucht Jörg alles zu entziffern, was ihm in die Finger oder vor die Augen kommt, seit er den Leseprozess verstanden hat. Was nicht für ihn bestimmt ist (wie die Stundenvorbereitung der Lehrerin), reizt ihn am meisten. Diese Neugier wirkt sich auf den Leselernprozess des Jungen äußerst positiv aus. Er hat durch sie inzwischen weit mehr Übung im Entschlüsseln von Schriftsprache als Miriam. Jörg hat mit Sicherheit eine schnelle Auffassungsgabe, aber bei ihm behindern z.B. auffälliges Sozialverhalten, geringe Konzentrationsfähigkeit und Unruhe den normalen Lernprozess.

Es gibt viele Miriams und Jörgs; Kinder, deren Lernfähigkeit auf irgendeine Weise gestört ist. Sie sind nicht nur in der Sonderschule zu finden (wie bei unserem Beispiel). Dieses Buch soll ihnen gewidmet sein und sich damit befassen, wie wir ihnen als Pädagogen[*] in der Schule (welcher Schulart auch immer) am besten helfen können, das Lesen und Schreiben zu erlernen.

---

[*] In diesem Buch wird weiterhin nur von Pädagogen, Lehrern und Schülern gesprochen, um eine gute Lesbarkeit des Textes zu erhalten. Gemeint sind selbstverständlich gleichwertig auch Pädagoginnen, Lehrerinnen, Schülerinnen.

Einführung

Einführung

Lesen und Lesen lernen

Beobachtet ein Kind einen lesenden Erwachsenen, kann es kaum wahrnehmen, dass dieser etwas tut. Er sitzt, steht oder liegt still und bewegt nur ein wenig die Augen hin und her, die ununterbrochen auf ein Papier gerichtet sind, das mit grafischen Zeichenzeilen gefüllt ist. Obwohl diese Tätigkeit auf den Zuschauer äußerst ermüdend wirkt, scheint sie den Leser selbst gut zu unterhalten. Was spielt sich da ab?

Lesen ist ein unsichtbarer, kognitiver Prozess. Der Leser entnimmt dabei grafischen Schriftzeichenreihen Informationen, die ihm der Hersteller der Zeichenzeilen (der Schreiber) auf diese Weise vermitteln kann, ohne selbst anwesend zu sein. Jemand, der liest, nimmt mit den Augen die Sprache des anderen Menschen wahr, indem er dessen grafisch codierte Sprechsprache entschlüsselt. Das kann er tonlos machen (stilles Lesen) oder indem er den Wortlaut des Schreibers ausspricht (lautes Lesen). Geübte Leser bedienen sich meistens der erstgenannten Leseform, es sei denn, sie wollen anderen etwas vorlesen.

Für jeden Nichtleser ist Schrift eine unverständliche Geheimsprache. Wenn er die darin enthaltene Nachricht entschlüsseln will (d.h.: die Schrift lesen will), bedarf er mehrerer Fähigkeiten.

Das Beherrschen der Lesetechnik ist die augenfälligste Voraussetzung dafür. Unsere Schrift ist eine Lautschrift, bei der Schriftzeichen Lauten der Sprechsprache zugeordnet werden können. Ein Leser muss die Buchstaben-Laut-Beziehungen kennen, um Schriftzeichen eines Wortes in Laute übertragen zu können. Aber auch mit einem solchen Wissen wird er immer wieder auf ein großes Problem stoßen: Für die meisten Schriftwörter der deutschen Sprache gibt es zahlreiche Übersetzungsmöglichkeiten von der Schrift zum gesprochenen Wort! Nehmen wir als Beispiel das Wort »Spiegel«:

Buchstabenreihe:	S – p – i – e – g – e – l
Lautentsprechung:	/z/ – /p/ – /iː/ – /eː/ – /g/ – /eː/ – /l/
oder:	/s/ – /p/ – /i/ – /ɛ/ – /g/ – /ɛ/ – /l/
oder:	/s/ – /p/ – /i/ – /e/ – /g/ – /e/ – /l/

Da wir Buchstaben sowohl als Einzelzeichen als auch als Zeichengruppen (zwei- und dreigliedrig) verstehen können, bietet sich zusätzlich folgende Gruppierung der Schriftzeichen an:

Buchstabenreihe:	Sp – ie – g – el
Die dazugehörige Lautentsprechung:	/ʃp/ – /iː/ – /g/ – /əl/.

Um zu einem gesprochenen Wort zu kommen, muss ich die einzelnen Laute einer Reihe noch sprachlich miteinander verbinden (Lautsynthesen herstellen). Bei unserem obigen Beispiel könnten dabei z.B. folgende Lautreihen entstehen:

/zpi:e:ge:l/
oder: /spiɛgɛl/
oder: /spiegel/
oder: /ʃpi:gəl/
oder: alle sonst noch möglichen Kombinationen unterschiedlicher Lautierungen.

Wir können auf diese Weise keine eindeutige Lautkette entwickeln und wissen nach so viel Bemühungen immer noch nicht genau, was gemeint ist.

Das Beherrschen der Lesetechnik allein reicht offensichtlich nicht aus, um lesen zu können. Es müssen entsprechende **Sprachkenntnisse** hinzukommen, damit ein Leser unter den möglichen Lautketten die eine herausfindet, die einen Sinn ergibt. Wer die deutsche Sprache beherrscht, wird unter den obigen Möglichkeiten ziemlich schnell /ʃpi:gəl/ auswählen, weil es die einzige Lautkette ist, die eine Vorstellung hervorruft (und zwar die einer glatten Oberfläche, auf der durch Strahlenreflexion optische Bilder entstehen).

Diese eine Vorstellung wird Ihnen zum Verstehen des Wortes jedoch nicht ausreichen, wenn Sie z.B. auf der Umschlagseite einer Zeitschrift das Wort »Spiegel« lesen. Dann werden Sie zwar auch /ʃpi:gəl/ lautieren, weil Sie wissen, was allgemein ein Spiegel ist. Das Wort wird Ihnen aber neben einem gerade aktuellen Titelbild kaum etwas bedeuten, wenn Sie nicht zusätzlich wissen, dass es sich hierbei um den Namen der Zeitschrift handelt. Sie benötigen also zum Verstehen ein spezielles **Hintergrundwissen.**

Ein Kind, das um den Namen weiß, wenn es vor dem Kiosk steht, könnte sich fragen, warum diese Zeitschrift »Spiegel« heißt. Es spiegelt sich nichts sichtbar in diesem Heft. Jedenfalls kann das Kind z.B. nicht sein eigenes Gesicht sehen, wenn es in die Zeitschrift guckt. Wollten wir ihm erklären, dass es sich hier z.B. um einen Spiegel der Zeit im übertragenen Sinn handelt, wäre es sicher in seinem derzeitigen **Denk- und Vorstellungsvermögen** überfordert. Es wird wohl noch einige Zeit dauern, bis das Kind in der Lage sein wird, das Wort »Spiegel« als Zeitschriftennamen umfassend zu verstehen.

Unser Beispiel soll verdeutlichen, dass beim Lesen als Verstehen von Schrift vier Voraussetzungen gleichzeitig erfüllt sein müssen:

1. **Der Leser muss die Lesetechnik beherrschen.**
2. **Der Leser muss die Sprache kennen.**
3. **Der Leser muss über das notwendige Sach- oder Hintergrundwissen verfügen.**
4. **Der Leser muss den Gedankengängen, die das Geschriebene enthält, folgen können.**

Nun mögen Sie sagen, dass Leseanfänger in der Schule die Punkte 2 bis 4 normalerweise beherrschen, so weit es sich um kindgemäße Texte handelt. Täuschen Sie sich nicht!

So manches Kind hat das Sprechen zu Hause nur unzureichend gelernt. Es verfügt bei Schulbeginn über einen geringen Wortschatz, spricht undeutlich und in unvollständigen Sätzen. Um zum selbstständigen Leser zu werden, muss dieses Kind die Gelegenheit bekommen, seine lückenhaften Sprachkenntnisse zu vervollständigen, damit es die aus den Schriftzeichen assoziierten Lautketten mit Wörtern seiner gesprochenen Sprache in Verbindung bringen kann. Hier ein Beispiel:

Axel bemüht sich ergebnislos, folgenden Arbeitsauftrag zu erlesen: Zeichne einen Hund! Eine Mitschülerin hilft ihm, und er zeichnet. Beim Vorübergehen fragt der Lehrer den Jungen, was er gerade macht. Er antwortet: »Ich zeinein Hont. Dasisu doch!« (Ich zeichne einen Hund. Das siehst du doch!) Zwischen Axels Sprache und dem Schrifttext besteht nur wenig Ähnlichkeit. Deshalb versteht er die schriftliche Arbeitsanweisung auch nicht. Sie müsste nach seiner Spracherfahrung »Zeinein Hont!« heißen.

Immer wieder finden wir Schulanfänger, die mit scheinbar normalen Wörtern keine Vorstellungen verbinden, weil sie in ihrer Umwelt und ihrem Leben bisher nicht vorgekommen sind. Beim Lesen entnehmen sie dann der Schrift entweder einen falschen Sinn oder sie denken, dass sie falsch gelesen haben. Hier zwei Beispiele:

1. Monika beantwortet die schriftliche Frage, ob sie 10 m weit springen könne, mit »ja«. Nachfragen ergeben, dass das Mädchen nicht weiß, wie weit 10 m sind.
2. Diana versucht das Wort »Krawatte« zu erlesen und ruft nach einiger Zeit verzweifelt: »Das kann ich nicht! Können Sie mir nicht mal helfen?« Der Lehrer geht zu ihr und stellt fest, dass sie das Wort einwandfrei lautieren (lautgetreu wiedergeben) kann, aber keine Vorstellung damit verbindet. Um zu einem ihr bekannten Inhalt zu kommen, versucht sie verschiedene Assoziationen: Watte, Kragen, Fußmatte. Sie passen jedoch alle nicht in den Gesamtzusammenhang. (Es sollen Nomen mit dazu passenden Verben verbunden werden. In diesem Fall: »Krawatte« mit »binden«.) Diana kann den Ergebnissen ihrer Leseversuche keinen Sinn entnehmen und denkt, dass sie etwas falsch gemacht hat.

Einige Kinder mit schwacher Intelligenz sind in jeder Lerngruppe zu finden. Sie haben es bei allen Lernprozessen schwer. Wir können versuchen, ihr Wissen und ihre Erfahrungen zu erweitern und ihre Denkfähigkeiten zu verbessern, müssen aber auch immer gleichzeitig auf ihre eingeschränkten Möglichkeiten eingehen. Ein Beispiel:

Kevin kann Laute zu Lautketten zusammenziehen. Er vergisst bei bestimmten Buchstaben jedoch immer wieder, welcher Laut zugeordnet werden kann. Er erlernt die Handhabung einer Buchstaben-Laut-Tabelle, was ihm eine große Hilfe ist. Er braucht aber zu allem extrem viel Zeit. So kann es kommen, dass er, wenn ihm ein Wort oder Satz zu lang ist, am Ende nicht mehr weiß, was er anfangs gelesen hat. Zum Glück ist er ein ausdauernder Arbeiter und versucht sich immer wieder aufs Neue. Wenn er dann eine Lautkette erlesen hat, spricht er sie vier-, fünf-, sechsmal vor sich hin, bevor er erkennt, um welches Wort es sich handelt. Dann strahlt er. Kevin wird Jahre brauchen, bis er längere Buchtexte bewältigen kann, aber er ist in der Lage, das Lesen zu erlernen. Auch er benötigt dafür – wie andere Leser – alle oben erwähnten Voraussetzungen.

Lange Zeit haben Pädagogen unter Lesen lernen ausschließlich das Aneignen der Buchstaben-Laut-Entsprechung und das Einüben der Lautsynthese verstanden. Diese Meinung wirkt teilweise bis in die heutige Zeit, insbesondere in der Sonderpädagogik. Es gibt noch eine Reihe von Lehrern, die überzeugt davon sind, dass es zum Lesenlernen ausreicht, wenn ein (insbesondere schwach begabtes) Kind mit viel Zeit und Anschauung schwerpunktmäßig die Buchstaben kennenlernt und die Synthese einübt.

Ohne Bezug zu einer Wort- oder Textinformation ist dieses ein mühsames, umfangreiches, abstraktes Vorhaben (siehe die Ausführungen über das Beherrschen der Lesetechnik!). Es wird dadurch nicht sinnvoller, wenn die einzelnen Buchstaben mit mehreren Sinnen erfasst werden können (Sehen, Essen, Ertasten, Riechen) und die Lautsynthese mit Bewegung gekoppelt wird (Lautgebärden, Synthesespiele). Im Gegenteil: Der Lernumfang wird immer größer und unübersichtlicher, ohne schwerpunktmäßig das Wichtigste beim Lesen lernen zu berühren: die Informationsentnahme aus einem Schreibtext.

Wenn ein Leseanfänger ohne Sinnerwartung an die Schrift herangeht, fehlt ihm beim Entschlüsseln die größte Hilfe: das inhaltliche Eingrenzen, was es wohl heißen *könnte,* was da steht. Selbst geübten Lesern fällt es schwer, sinnlose Buchstabenreihen sprachlich wiederzugeben.

Wie ein Kind Lesen lernt, ist bis heute noch weitgehend unerforscht. Wir können feststellen, dass es die meisten Schüler lernen, begabte Kinder leichter als die mit schwacher Intelligenz, aber es gibt auch geistig behinderte Menschen, die das Lesen innerhalb ihres Verstehenshorizontes gelernt haben. Einige Kinder lernen es schon vor ihrer Schulzeit – mit und ohne besondere Elternhilfe. Andere lernen es gar nicht oder nur unzureichend: Derzeit steigt in Deutschland trotz bestehender Schulpflicht die Zahl der Analphabeten.

Wenn ich mich an die Schüler erinnere, die bei mir das Lesen gelernt haben, fällt mir auf, dass sie immer dann ihr Ziel am schnellsten und sichersten erreichten,

- wenn sie sich von meinen Vorgaben lösten, sich selbst auf Entdeckungsreisen begaben, eigene Erkenntnisse machten und
- wenn es sie wirklich interessierte herauszukommen, was bestimmte Schriftzeichenreihen bedeuteten.

Sie waren dann teilweise so fasziniert, dass sie in ihrem Forscherdrang versuchten, alles zu erlesen, was sie in ihrer Umwelt an Schrift entdeckten.

Dieses eigene Interesse des Lernenden, Schriftsprache verstehen zu wollen, ist ein wichtiger Schlüssel zum Lesenlernen. Schüler entwickeln beim aktiven Umgang mit Wörtern, Sätzen und Texten bessere Zugriffsweisen und Einsichten in die Schriftsprache, als ihnen jede Lehrkraft häppchenweise und in logischer Schrittfolge vermitteln kann.

Das bedeutet für Lehrer, dass sie im Leselernprozess eine andere Rolle zugewiesen bekommen, als sie es im herkömmlichen Sinne gewohnt sind. Sie sollten nicht diejenigen sein, die den Lernstoff in (schwerpunktmäßig lesetechnische) Einzelelemente zerlegt vorgeben, sondern sich einerseits als Animateure verstehen, die die Lernenden zum forschenden Umgang mit der Schrift anregen, und andererseits als Helfer und Berater. Sie sind dann nicht mehr diejenigen, die den Lernweg vorschreiben, sondern die,

- die Schüler dazu motivieren, sich auf immer wieder neue Weise mit der Schrift auseinandersetzen;
- die Materialien und Ideen anbieten, aufgreifen und mitgestalten;
- die beobachten und helfend zur Verfügung stehen;
- die ihr Wissen bei Bedarf weitergeben.

Schreiben und Schreiben lernen

Es gibt drei verschiedene Arten der Schreibung:
1. das Nachspuren und Abschreiben,
2. das Verschriften,
3. die Rechtschreibung.

Alle drei Arten haben ihre Berechtigung beim Schreibenlernen, jede zu ihrer Zeit und mit der ihr eigenen Zielsetzung im Lernprozess. Ich möchte sie im Folgenden deutlich unterscheiden:

1. Das Nachspuren und Abschreiben

sind grafische Tätigkeiten. Sie haben zum Ziel, Kinder durch Machen und Wiederholen dazu zu befähigen, Schriftzeichen(reihen) richtig, lesbar und im sinnvollen Bewegungsablauf zu reproduzieren, denn dies ist eine Voraussetzung für die beiden anderen Schreibarten. Beim Nachspuren überschreiben Schüler vorgegebene Schriftzeichen (sie gehen der Spur nach). Dies ist sinnvoll, wenn die Kinder sich das Abschreiben noch nicht zutrauen, das das Reproduzieren der Zeichen verlangt.

Es lohnt sich, von Anfang an auf eine exakte Wiedergabe der Buchstaben zu achten (Reihenfolge der Bewegungsabläufe, Bewegungsrichtungen). Je flüssiger Schüler Schriftzeichen abschreiben können, desto weniger stören feinmotorische Schwierigkeiten später beim Verschriften und Rechtschreiben.

Das Abschreiben von mehreren Wörtern und/oder kurzen Sätzen lenkt den Blick auf die verschiedenen Abstände zwischen den Schriftzeichen, die innerhalb eines Wortes klein, aber zwischen zwei Wörtern größer sind. Nicht jedes Kind sieht darin von Anfang an einen Unterschied!

Gleichzeitig lernt das Kind beim einfachen, grafischen Reproduzieren von Wörtern und Sätzen, dass stets links begonnen und nach rechts weitergearbeitet wird (Lese- und Schreibrichtung!). Außerdem erfährt es, dass es wichtig ist, die Reihenfolgen der Schriftzeichen genau einzuhalten und keines auszulassen.

Das Letztere kann auch oder zusätzlich durch Stempeln, Legen und Stecken von Buchstaben geübt werden.

2. Das Verschriften

setzt die grafische Fähigkeit des Buchstabennachschreibens und die Kenntnis der Buchstaben-Laut-Beziehungen voraus und beschäftigt sich damit, Wörter der gesprochenen Sprache nach dem phonematischen Prinzip in Schrift umzusetzen. Rechtschreibregeln sind dabei unwichtig. Es geht allein darum, der eigenen Artikulation Laut für Laut Buchstaben(gruppen) zuzuordnen und diese in der richtigen Reihenfolge nacheinander abzubilden (so genanntes lautgetreues Schreiben).

Erwachsene haben es anfangs ziemlich schwer, Verschriftetes von Kindern zu erlesen und zu begutachten, denn Schreibanfänger
- wählen das Zeichen für einen Laut beliebig aus, wenn im Alphabet verschiedene Möglichkeiten bestehen: si velän dass Zaichän belibich aus;
- schreiben ohne Wortabstände oder setzen sie an beliebige Stellen: sischreibenohne-Wortab stände oderset zensie anbelie bigeStellen;
- benutzen im willkürlichen Wechsel Groß- und Kleinbuchstaben: sIe BEnutZen iM wiLLKürLichen wecHSeL GROss- UnD KleiNBUCHStabEn;
- haben keine Erfahrungen mit Worttrennungen, schreiben deshalb bis an den Blattrand und gehen – auch mitten im Wort – zur nächsten Zeile über: Sie haben keine Erfahrungen mit W-orttrennungen, schreiben deshalb bis an den B-lattrand;
- schreiben, wie sie sprechen, also auch mit mundartlichen Färbungen: si schreibm, wi si schprächn.

Das alles ist beim Verschriften erlaubt und richtig, denn es geht hierbei einzig und allein darum, Schreiben als Umkehrung des Leseprozesses zu begreifen und die Sprechsprache mit Hilfe von Schriftzeichen zu verschlüsseln.

Fehler können jedoch auch trotz Nichtbeachtung der Rechtschreibregeln entstehen und sollen auf jeden Fall beanstandet werden. Verbessert werden muss,
- wenn Buchstaben fehlen, d.h., wenn Laute überhört wurden;
- wenn die Reihenfolge der Buchstaben nicht stimmt, d.h., wenn die Abfolge der Laute nicht exakt nachvollzogen wurde;
- wenn zu viele Buchstaben vorhanden sind, d.h., wenn Laute codiert wurden, die gar nicht im Wort zu finden sind.

Es lohnt sich, Schulanfänger das eigene, selbstständige Schreiben zunächst als Verschriften erfahren zu lassen und wie dieses zu behandeln (z.B. bei der Beanstandung der Fehler). Der aktive Umgang mit der Schriftsprache durch Schreiben (Verschriften) fördert und unterstützt den Leseprozess hervorragend!

Verschriften stört nicht die Rechtschreibung, wenn die Schüler auf den Unterschied aufmerksam (gemacht) werden und später oder zu anderer Zeit genügend Gelegenheit bekommen, auch diese einzuüben.

Erwachsene, die anfangs verschriftete Texte von Schülern kaum entziffern können, gewöhnen sich schnell an diese Art der Schreibung und lesen sie bald genauso wie die bekannte. Wenn Ihnen jedoch einmal ein Text nicht entschlüsselbar ist, fragen Sie das Kind! Es wird ihn Ihnen vorlesen.

3. Die Rechtschreibung

Sie ist das Schwierigste an der deutschen Schriftsprache. Es gibt eine große Anzahl von Rechtschreibregeln, aber ebenso viele Ausnahmen.

Schreibanfänger lernen die Rechtschreibung zunächst am besten durch das Lesen, wobei ihnen durchgehend Schriftsprache in exakter Schreibung vor Augen geführt wird. Eine weitere Herangehensweise ist das Einüben der Schreibweise eines kleinen, sich aber ständig erweiternden, eigenen Wortschatzes. Sie werden daran im Laufe der Zeit Ähnlichkeiten der Schreibweisen feststellen können, woraus sich erste Regeln ableiten lassen (z.B. die Großschreibung von Hauptwörtern [Nomen] oder die verschiedenen Arten der Vokaldehnung).

Problemkinder beim Lese-/Schreibanfang

- ☐ Sie sind leicht ermüdbar;
  (Oft legen sie den Kopf schon kurz nach Unterrichtsbeginn ermattet auf den Tisch.)
- ☐ Sie können sich nur kurze Zeit konzentrieren;
  (Wenn eine Aufgabe zu komplex erscheint, geben sie schnell auf.)
- ☐ Sie lassen sich leicht ablenken;
  (Schon das Herunterfallen eines Bleistifts kann sie die gerade begonnene Arbeit unterbrechen lassen.)
- ☐ Sie haben einen starken Bewegungsdrang;
  (Langes Sitzen fällt ihnen schwer. Sie nutzen jede Möglichkeit, um aufzuspringen und herumzulaufen.)
- ☐ Sie verhalten sich bei Aufgabenstellungen passiv und suchen nicht von sich aus nach Lösungsmöglichkeiten;
  (Auch wenn alle Kinder um sie herum lesen, schauen sie nur aufs Papier und warten.)
- ☐ Sie holen sich keine Hilfe;
  (Wenn sie eine gestellte Aufgabe gar nicht lösen können, schauen sie weiterhin ratlos auf das Papier oder beginnen zu spielen oder zu stören.)
- ☐ Sie verhalten sich bei Fragen ausweichend;
  (Werden ihnen Fragen zum Lesewort oder -text gestellt, fällt ihnen vielleicht gerade der Fernsehfilm von gestern ein, von dem sie unbedingt erzählen wollen.)
- ☐ Sie nehmen Denkanstöße kaum an;
  (Ein Kind soll das Wort »Arm« erlesen. Es kennt die Buchstaben und beginnt mit der Lautsynthese: »/rrr a:mmmm—/«. Lehrerhinweis: »Mit welchem Buchstaben beginnt das Wort?« Schülerantwort: »Mit dem A!« Das Kind nimmt den Hinweis auf den Anfangsbuchstaben aber nicht auf und beginnt erneut: »/rrrr a:.../«.)
- ☐ Sie zeigen wenig Interesse an Schreibtexten;
  (Aus ihren Elternhäusern kennen sie häufig weder Bücher noch Zeitungen. Mutter und Vater sind oft nur wenig schreibkundig, sodass eine briefliche Verständigung mit Freunden und Verwandten in der Regel nicht stattfindet. Das Lesen wird vom Fernsehen verdrängt, das die Information und Unterhaltung übernimmt, und das Schreiben vom Telefon, das zur Kommunikation benutzt wird.)
- ☐ Sie vergessen die Buchstaben-Laut-Zuordnungen immer wieder;
  (Nach einem Wochenende kann schon alles wieder vergessen sein, was am Freitag noch intensiv wiederholt wurde!)

- ☐ Sie vergessen oder verwechseln die Schreibweise der einzelnen Schriftzeichen immer wieder und können sich ähnliche Buchstaben nicht merken;
  (Es fällt ihnen besonders schwer, Zeichen wie b, d, p, q oder m, n zu unterscheiden und sich zu merken. Aber auch seltener gebrauchte (Qu, x) oder schwierig zu schreibende Buchstaben (G, R) sind ein Problem.)
- ☐ Sie zeigen keine oder unzureichende Ansätze zur Laut-Lautsynthese;
  (Sie benennen die ersten beiden Buchstaben eines Wortes richtig, und auf die Frage: »Wie heißt das zusammen?« antworten sie: »Das weiß ich nicht!« Manchmal schweigen sie auch bedrückt oder benennen nochmals die Schriftzeichen.)
- ☐ Ihre Sprache ist nicht altersgemäß entwickelt;
  (Sie verfügen nur über einen geringen Wortschatz und sprechen mit verwaschener Aussprache in unvollständigen Sätzen.)
- ☐ Sie raten beim Lesen häufig völlig zusammenhanglos;
  (Sie haben keine Sinnerwartung und sind froh, irgend etwas antworten zu können.)
- ☐ Es fällt ihnen schwer, gesprochene Wörter in Einzellaute zu zerlegen (auflautieren);
  (Sie werden behindert durch schlechte Aussprache, Konzentrations- und Gliederungsschwächen.)
- ☐ Sie schreiben vorwiegend verkürzt oder diffus, manche gar nicht;
  (Häufig fehlen Vokale, und/oder der Lautbestand eines Wortes ist durch eine willkürliche Reihenfolge von möglichen Schriftzeichen oder durch irgendwelche Buchstaben dargestellt worden.)
- ☐ Sie kontrollieren ihre Ergebnisse nicht;
  (Auch wenn das Ergebnis ihres Leseversuches eine völlig sinnlose Lautkette ist, finden sie es nicht fragwürdig.)
- ☐ Sie korrigieren das eigene Vorgehen nicht;
  (Weil ihnen sinnlose Leseergebnisse nicht weiter fragwürdig erscheinen, bleiben sie beharrlich bei einer einmal eingeschlagenen Herangehensweise und erproben keine andere.)

In fast jeder Grundschulklasse finden wir Kinder mit einer Auswahl solcher oder ähnlicher Verhaltensweisen. Sie fallen spätestens im zweiten Halbjahr der 1. Klasse auf durch Misserfolge und Versagen im Lernprozess. Es gibt dafür vielfältige Gründe und Ursachen, aber Lehrer haben kaum Zeit und Möglichkeiten, diese umfassend zu diagnostizieren oder gar zu therapieren. Solche Kinder benötigen jedoch unbestritten ganz besondere Zuwendung und Aufmerksamkeit und brauchen zusätzliche Lernhilfen.

Bei einigen dieser Kinder ist der Zustand der Verwirrung, Hilf- und Ratlosigkeit beim Lesen- und Schreibenlernen nur vorübergehend. Vielleicht sind sie gerade zum Schulbeginn persönlich stark belastet mit individuellen Problemen (Leben in der Gruppe will für Einzelkinder erst gelernt sein; familiäre Probleme können lernhemmend sein u.a.m.). Vielleicht haben sie durch Krankheit eine Zeitlang den Unterricht versäumen müssen, finden den Anschluss nicht so schnell wieder und weichen aus in Verhaltensauffälligkeiten. Diesen Kindern ist oft mit einer begrenzten Anzahl Einzel- oder Teilungsstunden und/oder gezielter Binnendifferenzierung verhältnismäßig schnell zu helfen, besonders, wenn der Lehrkraft genügend differenzierte Arbeitsmittel vorliegen, die sie – unabhängig von ihrem benutzten Leselehrgang – gezielt einsetzen kann.

Schwieriger ist es mit Kindern, bei denen die Lernschritte bei aller zusätzlichen Hilfe klein bleiben und deren Lernprozess immer wieder stagniert. Diese Schüler brauchen durchgehende Förderung z.B. in Form von LRS-Einzelhilfe oder sonderpädagogischer Zusatzbetreuung. Die dafür eingesetzte Lehrkraft benötigt neben viel Geduld und Verständnis ebenfalls zahlreiche möglichst differenzierte, fibelunabhängige Übungen und Materialien, um damit den individuellen Lernhemmnissen und Blockaden entgegentreten zu können.

Wenn die Grundschule keine gewinnbringenden Möglichkeiten der Förderung für das Kind mehr anbieten kann, ist die Umschulung an eine Sonderschule angebracht. Dann steht die sonderpädagogisch ausgebildete Lehrkraft vor der Aufgabe, nicht nur einem oder wenigen Kindern, sondern einer größeren Kindergruppe mit den oben beschriebenen Verhaltensweisen das Lesen und Schreiben zu vermitteln. Das ist nicht einfach, denn eigentlich bräuchte jedes Kind einen individuell zugeschnittenen Lernstoff, weil die jeweiligen Schwierigkeiten sehr unterschiedlicher Art sein können. Hier ist es ratsam, offen zu sein für die Voraussetzungen, die die einzelnen Kinder mitbringen, um sie dann auf der jeweils erreichten Stufe der Fähigkeiten, Fertigkeiten und Erkenntnis abzuholen und von dort weiter zu fördern.

Mögen die Lernschwierigkeiten der genannten Kinder auch noch so groß sein, so verfügen sie doch alle (auch die in den Sonderschulanfangsklassen) über Vorerfahrungen mit der Schriftsprache. Es mag sein, dass diese Mädchen und Jungen durch Mißerfolge eine Abwehrhaltung gegen das Lesen- und Schreibenlernen entwickelt haben. Wenn es aber erst einmal gelungen ist, diese abzubauen, kommen sicher einige Erfahrungen und Fähigkeiten zum Vorschein. Fast all diese Kinder können zumindest einzelne Buchstaben nach Vorlage abschreiben, kennen einige – wenn auch wenige – Buchstaben-Laut-Zuordnungen, erinnern die allerersten Wörter des einmal benutzten Leselehrgangs und/oder haben in ihrer Umwelt Buchstaben und Wörter an verschiedenen Orten kennengelernt (z.B. auf Autokennzeichen, Straßenschildern, Verpackungen u.Ä.). Das ist nicht viel, aber wir können darauf aufbauen!

Lesen und Schreiben lernen trotz Lernschwierigkeiten

Schauen wir uns noch einmal die Voraussetzungen an, die ein Mensch mitbringen muss, um lesen zu können:

1. Beherrschen der Lesetechnik,
2. textentsprechende Sprachkenntnisse,
3. textentsprechendes Sachwissen,
4. textentsprechendes Denkvermögen.

Und da Kinder das Lesen am besten lernen, wenn sie selbst aktiv und erwartungsvoll forschend an die Schriftsprache herangehen, müssten sie außerdem noch verfügen über

5. Interesse an der Schriftsprache und Bereitschaft zum selbstständigen Handeln.

Assoziieren wir dazu Schüler mit Lernschwierigkeiten, so stellen wir fest, dass diese für alle Punkte nur bruchstückhafte Voraussetzungen mitbringen: Sie vergessen schnell wieder; ihre Aufnahmekapazität ist gering; sie können sich nur kurzzeitig konzentrieren und sie ermüden schnell; sie sprechen undeutlich und in unvollständigen Sätzen und verfügen nur über einen geringen Wortschatz; ihr Wissen und ihre Umwelterfahrungen entsprechen nicht der Norm; ihre Denkfähigkeit ist eingeschränkt; sie verhalten sich bei Aufgabenstellungen gern ausweichend; sie zeigen sich im Lernprozess meist passiv und zeigen kein besonderes Interesse an der Schriftsprache.

Wie können sie trotzdem das Lesen lernen?

Die *Lernkiste Lesen und Schreiben* soll Ihnen und Ihren Schülern Wege aufzeigen, auf denen auch Kinder mit Lernschwächen zu aktiven Lesern werden können.

Gehen Sie davon aus, dass Leseanfänger mit Lernproblemen als erstes aus ihrer wie auch immer bedingten Passivität im eigenen Denken herausgeführt werden müssen. Sie sollen sich beim Leselernprozess von Anfang an und permanent dazu aufgefordert fühlen, die jeweils vor ihnen liegende Schrift zu untersuchen, zu vergleichen, zu zerlegen, zu entschlüsseln, so weit es ihre Fähigkeiten zulassen.

Wie wir wissen, ist kein Kind gänzlich ohne Vorerfahrungen mit der Schrift in der Schule. Versuchen wir doch mit ihnen zusammen herauszufinden, was sie (trotz bisheriger Misserfolge?) wissen und können! Holen wir jedes Kind da ab, wo es steht!

Monika kennt vielleicht alle Buchstaben ihres Namens; Sylvia weiß, dass der ihre mit »S« beginnt und mit »a« endet; Diana weiß, dass sie zwei »a« im Namen hat; Dennis erkennt seinen Namen daran, dass vorn so ein Zeichen mit einem dicken Bauch ist und verwechselt sein Namensschild leicht mit dem von Diana, weil ihr Name auch so beginnt ... usw.

Im Beispiel haben wir es mit Monika zu tun, die schon eine Reihe von Buchstaben kennt; mit Sylvia, die den Anfangs- und Endbuchstaben ihres Namens benennen kann; mit Diana, die nur einen Buchstaben ihres Namens kennt, aber ihn nicht nur am Ende, sondern auch in der Mitte des Wortes wiedererkennt; zuletzt hören wir von Dennis, der noch keine Buchstaben seines Namens benennen, aber den Anfangsbuchstaben beschreiben und auch an anderer Stelle wiedererkennen kann.

Irgend etwas weiß jedes dieser Kinder, das eine mehr, das andere weniger. Geben wir ihnen die Chance, miteinander und voneinander weiterzulernen: Es gibt viele Fragen, denen nachgegangen werden kann: Welche Wörter gibt es noch außer den Namen? Wer kennt eins und weiß, wie es heißt? Bestehen sie aus ähnlichen Zeichen? Wer kann einen Buchstaben nachschreiben? Wie heißt eigentlich dieses Zeichen mit den Zacken? Wie viel Buchstaben gibt es wohl? ...

Zur Beantwortung dieser und ähnlicher Fragen kann jeder etwas beitragen. Es dürfen auch Vermutungen sein, denen nachgegangen werden kann, z.B. anhand der nächsten Wörter aus ihrer Umgebung.

Aber das einmalige Finden von Antworten ergibt noch keinen Leser. Die Schüler müssen genügend Möglichkeiten bekommen, Erfahrungen zu wiederholen und neu Gelerntes einzuordnen und im Gedächtnis zu behalten. Dazu eignen sich Spiele hervorragend. Sie bringen Kindern lange Zeit immer wieder Spaß, ohne langweilig zu werden. Außerdem haben sie den Vorteil, dass sie jederzeit abgebrochen werden können, wenn die Konzentration nicht mehr reicht. Spiel- und Platzwechsel bringen oft schon wieder neue Kraft zum Lernen.

Wenn ein Lernstoff zu umfangreich ist, um ausschließlich spielend im Gedächtnis zu bleiben (z.B. die große Anzahl der Buchstaben und ihrer Lautierungsmöglichkeiten oder die Rechtschreibung), dann sind kindgerechte Tabellen, Sammlungen und Zusammenstellungen hilfreich.

Das Einprägen der Schriftzeichen und ihrer Laute erfolgt in der *Lernkiste Lesen und Schreiben* zum großen Teil im ständigen Umgang mit der Schrift, wobei eine Buchstaben-Laut-Tabelle als »Nachschlagewerk« dient. Im Laufe der Zeit prägen sich die Buchstaben-Laut-Beziehungen dann ohne weiteren Aufwand ein, besonders, wenn ein Kind keine Lust mehr hat, immerzu nachzuschauen.

Bis heute ist nicht bekannt, wie Kinder das Zusammenziehen von Lauten (Synthetisieren) wirklich erlernen. Gerade in dieser Situation sollten wir besonders den lernschwachen Kindern alle Hilfen anbieten, die wir uns vorstellen können. Gehen wir spielerisch heran, und experimentieren wir! Wenn einem Kind das eine Spiel nicht weiterhilft, dann vielleicht ein anderes?

Spiele zur Lautsynthese vermitteln keine Information im Sinne des Lesens. Sie sollen nur lesetechnische Hilfen geben. Trotzdem müssen sie nicht sinn- und freudlos für die Kinder sein. Es entstehen dabei nach bestimmten Spielregeln Lautverschmelzungen, denen spielerisch auch ein Sinn zugeordnet werden kann (z.B. Namen wie im Spiel

»Mi, komm nach Haus!« aus dem Baukasten 5). Oft bringt es aber auch einfach nur Spaß, Lautketten nach bestimmten Regeln zu produzieren.

Die ungenügende Sprachentwicklung der Kinder kann am besten durch Sprechen gefördert werden. Dazu soll jedes Kind von Anfang an ermuntert werden, auch wenn es sich zunächst noch ungeschickt, ängstlich, schwer verständlich ausdrückt. In der Lernsituation muss die Atmosphäre entstehen, dass über alles gesprochen werden darf, dass jede Frage gestellt werden darf und dass alle sich bemühen zuzuhören, zu verstehen und Antworten zu finden – auch (und nicht nur!) der Lehrer. Leider ist in Fördergruppen und Sonderschulklassen die Lehrkraft meistens das einzige sprachliche Vorbild. Sprechen Sie entsprechend klar und deutlich, ohne zu übertreiben, fordern Sie deutliches Sprechen von Ihren Kindern und loben Sie jeden Schüler, der sich darum bemüht.

Sprechen braucht Inhalte. Im Leselernprozess sollen – besonders am Anfang – Wörter und Themen im Mittelpunkt des Unterrichts stehen, die den Kindern bekannt und vertraut sind. Wenn Unbekanntes einbezogen wird, muss es vorgestellt und erklärt werden (z.B. unbekannte Begriffe aus der Buchstaben-Laut-Tabelle). Mit der Zeit werden durch gemeinsame Erlebnisse, Vorhaben und Gespräche neue Begriffe und Sprachmuster bekannt und verwendbar.

Wenn wir

– die individuellen Vorerfahrungen der Schüler mit der Schriftsprache einbeziehen wollen,
– die Kinder selbst Fragen zum Entschlüsseln der Schriftsprache entwickeln lassen wollen,
– sie selbst nach Antworten suchen lassen wollen,
– bei den individuellen Sprachgewohnheiten der Kinder anknüpfen wollen,
– von ihren eigenen Umwelterfahrungen ausgehen wollen und
– auf die individuellen Leistungsfähigkeiten eingehen wollen,

dürfen wir keine vorgeplanten Lernwege einschlagen, wie sie bei herkömmlichen Leselehrgängen angeboten werden. Für Kinder mit unterschiedlichen Lernvoraussetzungen und -behinderungen benötigen wir vielseitige Materialien und zahlreiche Anregungen dafür, wie sie variabel eingesetzt werden können. Eine zwingend aufeinander aufbauende Reihenfolge von Lernschritten ist bei dieser Art des Lesenlernens nicht empfehlenswert. Darum erfolgt die Auswahl der Lernangebote bei der *Lernkiste Lesen und Schreiben* nach den Interessen der Schüler (was mögen sie gern?), ihren Vorerfahrungen (was kennen und können sie schon?) und ihrer Leistungsfähigkeit (was können sie schaffen?).

Die *Lernkiste Lesen und Schreiben* bietet Ihnen zahlreiche Möglichkeiten für solche Vorgehensweisen. Die in ihr enthaltenen Materialien und Lernangebote sind nach dem Baukastenprinzip geordnet. Sie befinden sich auf drei aufeinander folgenden Lernebenen. Auf jeder Ebene stehen fünf bis sechs mit Spielen und Übungen gefüllte Baukästen. Die Sammlung ist bei Bedarf erweiter- und veränderbar. Die Reihenfolge und Anzahl der zu bearbeitenden Einzelelemente innerhalb der drei Lernebenen ist nicht zwingend vorgeschrieben (es gibt jedoch Orientierungshinweise und Vorschläge!).

Die Materialien, Übungen und Spiele sind so zusammengestellt worden, dass ein großes Angebot dafür besteht, mit Schriftsprache selbstständig umzugehen und sie zu erforschen. Eingebettet zwischen Entdeckungsreisen bei Wörtern aus dem Leben der Kinder und Vorschlägen zum Wecken, Herausfordern und Präzisieren der Sinnerwartung bei (Schrift-)Sprache befinden sich auf der Eingangsebene (Ebene 1) Spiele und Übungen zur Lautanalyse und -synthese und zum Erlernen des Umgangs mit den »Buchstabenschränken« (Buchstaben-Laut-Tabelle).

Auf den folgenden beiden Lernebenen (Ebene 2 und 3) geht es schwerpunktmäßig um das selbstständige Erlesen von zunächst Wörtern und dann Sätzen.

Der vorgebene, bei den Übungen und Spielen benutzte Bild-/Wortschatz ist danach zusammengestellt worden, ob er 6- bis 9-jährigen Kindern geläufig ist und/oder ob er die gängigen Schriftsprachstrukturen enthält. Er ist ebenfalls jederzeit erweiter- und/oder veränderbar. Wenn sich z.B. in einer Lerngruppe ein Kind namens Xaver aufhält, ist sein Foto in den Buchstabenschränken weit besser zu verwenden als das Abbild des Xylophons, das einige Kinder nicht kennen, sodass es ihnen deshalb erst vorgestellt werden muss.

Schreiben lernen die Kinder bei den vorliegenden Materialien in Anlehnung an den Leselernprozess. Auf der ersten Lernebene liegt der Schwerpunkt beim Nachspuren und Abschreiben (siehe Seite 21) von Buchstaben und Wörtern in Druckschrift. Auf den folgenden beiden Lernebenen geht es einerseits um das Üben des Verschriftens (siehe Seite 22) und andererseits um das Erlernen der Rechtschreibung anhand eines eigenen, begrenzten Wortschatzes.

Ebene 3 enthält die Möglichkeit, eine Schreibschrift zu erlernen. Derzeit werden in den einzelnen Bundesländern unterschiedliche Schreibschriftarten bevorzugt oder vorgeschrieben:

1. die Lateinische Ausgangsschrift,
2. die Vereinfachte Ausgangsschrift,
3. die Schulausgangsschrift.

Um allen gerecht zu werden, werden alle drei Schriftarten in diesem Buch berücksichtigt. Suchen Sie sich die heraus, die Sie brauchen.

Anwendung des Baukastensystems

Materialübersicht

Die drei aufeinander folgenden Lernebenen, auf denen die Spiele und Übungen angeordnet sind, haben folgende Überschriften:

Ebene 1: Schriftsprachstrukturen erkennen, verstehen und einprägen durch Sammeln eigener Erfahrungen beim Umgang mit Buchstaben, Lauten und Wörtern.
Ebene 2: Vom Wörterstrukturieren und -wiedererkennen zum Wörtererlesen und -schreiben (Druckschrift).
Ebene 3: Vom Wort- zum Satzlesen und -schreiben (Schreibschrift).

Auf jeder Ebene befinden sich fünf bis sechs »Baukästen«, die mit einer Vielzahl von Handlungs-, Spiel- und Übungsvorschlägen gefüllt sind. Sie sind folgendermaßen etikettiert:

Ebene 1	Baukasten 1:	Geschriebenes untersuchen, vergleichen, anwenden
	Baukasten 2:	Buchstaben-Laut-Zuordnung einprägen (Teil 1)
	Baukasten 3:	Analyse: Laute heraushören und Buchstaben zuordnen
	Baukasten 4:	Sinnerwartung wecken, herausfordern, präzisieren
	Baukasten 5:	Synthese: Laute zusammenziehen
Ebene 2	Baukasten 6:	Buchstaben-Laut-Zuordnung einprägen (Teil 2)
	Baukasten 7:	Das Wörterbuch
	Baukasten 8:	Von der Silbe zum Wort
	Baukasten 9:	Wortlesetraining
	Baukasten 10:	Wörter schreiben
	Baukasten 11:	Rechtschreiben: Schreibwortschatz 1
Ebene 3	Baukasten 12:	Erlernen der Schreibschrift
	Baukasten 13:	Rechtschreiben: Der erweiterte Schreibwortschatz
	Baukasten 14:	Kommunikation mit Schriftsprache
	Baukasten 15:	Eigene Sätze/Texte schreiben
	Baukasten 16:	Bücher für Leseanfänger

Auf den nächsten beiden Seiten finden Sie einen Überblick über die Anordnung aller Materialien und Lernangebote!

Überblick über die Materialien und Lernangebote

Ebene I Schriftsprachstrukturen erkennen, verstehen und einprägen durch Sammeln eigener Erfahrungen beim Umgang mit Buchstaben, Lauten und Wörtern	**Baukasten 1:** Geschriebenes untersuchen, vergleichen, anwenden ■ Die eigenen Namen ■ Gegenstände der Klasse beschriften ■ Fotoposter und Überschrift ■ Sammlung bekannter Symbole und Schriftzüge aus der Umgebung der Schüler ■ ja – nein ■ Kinderbilder beschriften		**Baukasten 2:** Buchstaben-Laut-Zuordnung einprägen (Teil 1) Die Buchstabenschränke ■ Begriffe klären ■ Begriffe festigen ■ Anlaute analysieren und den Buchstaben zuordnen Zusätzliche Übungsmöglichkeiten ■ Buchstaben ertasten ■ Buchstaben auf den Rücken schreiben ■ Gegenstände des Klassenraumes ■ Groß-Klein-Zuordnung der Buchstaben	
Ebene II Vom Wörterstrukturieren und -wiedererkennen zum Wörterlesen und -schreiben	**Baukasten 6:** Buchstaben-Laut-Zuordnung einprägen (Teil 2) ■ Die Buchstabenschränke ■ Die Unterscheidung ähnlich klingender Laute ■ Die optische Unterscheidung von b und d ■ Zusätzliche Buchstaben		**Baukasten 7:** Das Wörterbuch ■ mündlich Lösungen ■ schriftliche Lösungen	**Baukasten 8:** Von der Silbe zum Wort ■ Silbenrätsel 1 ■ Silbenrätsel 2 ■ Silben-Puzzle ■ Wörter-Puzzle ■ Wörter würfeln
Ebene III Vom Wort zum Satzlesen und -schreiben	**Baukasten 12:** Erlernen der Schreibschrift ■ Die Buchstabenschränke mit Schreibschrift ■ Zusätzlich zu verwendende, käufliche Arbeitsmittel		**Baukasten 13:** Rechtschreiben: Der erweiterte Wortschatz ■ Vergleichen und Durchgliedern ■ Wörter schreiben ■ Partnerdiktat ■ Schreiben mit Kontrollmöglichkeit ■ Aufstellen zum Satz ■ Vertauschte Sätze ■ Sätze hüpfen ■ Strichdiktat ■ Lückendiktat ■ Schreibaufgaben ■ Verben und Endungen ■ Textschreibweise	

Baukasten 3: Analyse: Laute heraushören und Buchstaben zuordnen	Baukasten 4: Sinnerwartung wecken, herausfordern, präzisieren	Baukasten 5: Synthese: Laute zusammenziehen
■ In welchem Wort entdeckst du den gesuchten Laut? ■ Anlaut-Lotto ■ Ball werfen ■ Schiffe beladen ■ Was hörst du in der Mitte? ■ Robotersprache: Auflautieren ■ Anlaut-Domino 1 ■ Anlaut-Domino 2 ■ Buchstabenkaufen	■ Wie geht es weiter? ■ Das Hosentaschenbuch 1 ■ Das Hosentaschenbuch 2 ■ Wer hat das richtige Wort? ■ Was gehört zusammen? ■ Der Obstsalat und die Zutaten ■ Fotoposter und Beschriftung ■ Zahlenpaare	■ Lautgebärden ■ Silben hüpfen ■ Der Kran ■ Der Fahrstuhl ■ Die Lok ■ Silben würfeln ■ »Mi, komm nach Haus!« ■ Silben sammeln ■ Quartett ■ Robotersprache
Baukasten 9: Wortlesetraining	Baukasten 10: Wörter schreiben	Baukasten 11: Rechtschreibung: Schreibwortschatz 1
■ Der Lesebus ■ Wort-Bild-Zuordnung 1 ■ Wort-Bild-Zuordnung 2 ■ Wort-Bild-Zuordnung 3 ■ Die Wörterschlange 1 ■ Die Wörterschlange 2 ■ Der Spaziergang ■ Memory ■ Domino ■ Das Verben-Puzzle ■ Wörter-Angeln ■ Zus. käufliche Arbeitsmittel	■ Ein Buchstabe verändert das Wort ■ Das Bilderbuch zum Beschriften ■ Kreuzworträtsel 1 ■ Kreuzworträtsel 2 ■ Eigene Bilder be-/verschriften ■ Schreiben, was ich kann	■ Vergleichen und ■ Durchgliedern ■ Zeige hoch! ■ Wörter stempeln ■ Partnerdiktat ■ Schreiben mit Kontrollmöglichkeit ■ Aufstellen zum Wort ■ Schönschreiben ■ Zuordnungsübungen ■ Schreiben mit dem Wörterbuch
Baukasten 14: Kommunikation mit Schriftsprache	Baukasten 15: Eigene Sätze/Texte schreiben	Baukasten 16: Bücher für Leseanfänger
■ Die Lesemaschine ■ Das Fragespiel ■ Das Frage-Antwort-Spiel ■ Die Busfahrt ■ Der Fragebogen ■ Zusätzlich zu verwendende, käufliche Arbeitsmittel	■ Sachunterricht und gemeinsamer/eigener Text ■ Das (Wochenend-)Tagebuch ■ Sprechreizbilder verschriften ■ Die Pinnwand ■ Briefe/Postkarten schreiben	■ Welche Bücher sind empfehlenswert? ■ Tips zur Einrichtung der ersten Klassenbibliothek ■ Wo, wie und wann lesen die Schüler?

Allgemeines zur Anwendung

Die in diesem Buch abgebildeten Materialien (Spielpläne, Spielkarten, Heftseiten) sollten für die Verwendung kopiert werden. Meistens bietet sich eine Vergrößerung[*] an. Spielpläne und Spielkarten sind haltbarer, wenn sie auf Karton kopiert oder geklebt und zusätzlich mit einer selbstklebenden Klarsichtfolie überzogen werden. Zur besseren Übersicht empfiehlt es sich, für ähnliche Spielmaterialien unterschiedlich farbige Kartonsorten zu benutzen.

Wenn kleine Heftchen zusammengestellt werden sollen, schneiden Sie in der Größe der Heftseiten pro Exemplar zwei Deckblätter (erste und letzte Seite) aus Karton oder Zeichenpapier zu. Sie sind dann haltbarer und attraktiver. Heften Sie die Seiten mit Heftklammern zusammen oder lochen Sie sie und ziehen Sie ein (farbiges) Bändchen hindurch.

Die Materialien sind schöner, wenn die Kinder sie angemalt haben!

Sie können viele Materialien verändern und/oder erweitern. Wenn Ihnen der vorgestellte Bild- oder Wortschatz nicht ausreicht oder gefällt, überkleben Sie vor dem Kopieren die entsprechenden Felder mit Bildern oder Wörtern Ihrer Wahl. Die im Anhang befindlichen Bild- und Wortkarten (alphabetisch geordnet) sollen Ihnen dabei helfen. Selbstverständlich können Sie auch eigene Zeichnungen herstellen (oder von den Kindern anfertigen lassen oder Bilder aus Büchern ausschneiden), selbst zusätzliche Buchstaben oder Wörter schreiben und damit geeignete Spiel- und Übungsvorlagen überkleben.

Bei manchen Spielen werden Würfel gebraucht. Kaufen Sie einige im Spielwarengeschäft und deponieren Sie sie an einem festen Platz in der Klasse. Benötigte Setzfiguren und Spielmarken können Sie von vorhandenen Brettspielen ausleihen oder durch Steinchen, Knöpfe oder andere kleine Figuren ersetzen.

Für die vorliegende Materialsammlung gibt es zwei grundsätzlich verschiedene Verwendungsmöglichkeiten:

a) Sie benutzen dieses Buch als **Grundlage für den Lese- und Schreibunterricht** (z.B. in einer Sonderschulklasse).
b) Sie benutzen ausgewählte Vorschläge dieses Buches als **fibelunabhängiges Zusatzmaterial** (z.B. zur Binnendifferenzierung oder für Förderstunden).

Wenn Sie sich für die erste Möglichkeit entscheiden, benötigen Sie für Ihre Schüler zum Lesen lernen keine weiteren Lernbücher. Die folgenden Passagen unter dem Titel »**Lesen und Schreiben lernen nach dem Baukastenprinzip – ohne weitere Verwendung einer Fibel/eines Leselehrganges**« (siehe die Seiten 35-37) geben Ihnen Hinweise und Vorschläge zur Handhabung der *Lernkiste Lesen und Schreiben*.

---

[*] 145% bis 150% Vergrößerung passt auf das Format DIN A4. Wenn Sie die Vorschläge dieses Buches beim Kopieren entsprechend vergrößern, erhalten Sie optimal handhabbare Schülermaterialien. Verfügen Sie in Ihrer Schule über kein Kopiergerät mit Vergrößerungsmöglichkeiten, fertigen Sie jeweils eine Vergrößerung im nächstliegenden Copy-Shop an.

Entscheiden Sie sich für die zweite Möglichkeit, nehme ich an, dass Sie nach einem Ihnen bekannten Leselehrgang unterrichten wollen oder müssen, der notgedrungen lernschwache Kinder bei bestimmten Lernschritten überfordert. Sie können mit gezielt ausgewählten Materialien aus der *Lernkiste Lesen und Schreiben* helfen. Überspringen sie die Seiten 35-37 und lesen Sie die Ausführungen ab Seite 38 unter dem Titel »**Verwendung als fibelunabhängiges Zusatzmaterial«.** Sie finden dort Anregungen und Vorschläge zum Einsatz der vorliegenden Lernspiele und Übungen.

Lesen und Schreiben lernen nach dem Baukastenprinzip
– ohne weitere Verwendung einer Fibel oder eines Leselehrganges

Die Bearbeitung der Materialien in den Baukästen erfolgt grundsätzlich von der Ebene 1 über die Ebene 2 zur Ebene 3. Die Übergänge sind fließend. Das heißt, dass Sie die Materialien der folgenden Ebene nach und nach einzusetzen beginnen, wenn die Lernziele der vorangegangenen annähernd erreicht worden sind.

Auf jeder Ebene befinden sich fünf bis sechs Baukästen, schauen Sie in *jeden* Baukasten hinein und entnehmen Sie aus *jedem* Materialien. Ob der eine oder andere Baukasten mehr oder weniger bearbeitet wird, entscheiden Sie und Ihre Kinder mit ihren Fähigkeiten und Fertigkeiten. Aber **lassen Sie keinen Baukasten unberührt, denn jeder enthält Materialien zu einem wichtigen Aspekt des Lesenlernens!**

Jede Ebene verfügt über ein Übermaß an Übungs- und Spielvorschlägen. Sie sollen nicht alle von den Schülern bearbeitet werden. **Greifen Sie *die* Vorschläge auf, die notwendig erscheinen und mit denen Ihre Kinder voraussichtlich Erfolg und Spaß haben.** Lassen Sie den Rest unberücksichtigt im Baukasten liegen, wenn Ihre Schüler das jeweilige Lernziel erreicht haben.

Die Buchstabenschränke (Buchstaben-Laut-Tabellen) jedoch, die auf jeder der drei Ebenen zu finden sind (Baukasten 2, 6 und 12), sollten auf keinen Fall ausgelassen werden. Sie sind eine wichtige Grundlage für Ihre Schüler. Wenn sie sie richtig handhaben können, sind sie sofort in der Lage, Buchstaben in Laute umzuwandeln und umgekehrt. Ersparen Sie sich und Ihren Schülern die qualvollen Stunden des Buchstaben-auswendig-Lernens, indem Sie ihnen möglichst früh (ab der 2./3. Woche) mit viel Spaß (siehe zahlreiche Spielvorschläge!) die Handhabung der Buchstabenschränke vermitteln.

Wie lange Sie mit Ihren Schülern auf den einzelnen Ebenen verweilen sollten, ist zeitlich nicht zu benennen. Es hängt von der Leistungsfähigkeit der Kinder ab. **Entscheiden Sie einen Wechsel der Lernebenen grundsätzlich danach, ob Ihre Schüler die Lernziele erreicht haben,** die für die Ebene angegeben sind, auf der sie sich noch befinden. Als grobe Orientierungshilfe kann gelten, dass Sie für die Lernebene 1 die Zeit von August bis Dezember/bzw. Halbjahresende einplanen können (bei acht bis zehn Wochenstunden). Zum Durchlaufen aller drei Ebenen benötigen Schüler mit Lernschwächen ungefähr 1,5 bis 2 Schuljahre.

Ebene 1

Lesen Sie zunächst den Vorspann zur Ebene 1 (Seite 43).

Sie beginnen mit dem Baukasten 1 (Geschriebenes untersuchen, vergleichen, anwenden) und wählen ein oder zwei Vorschläge aus, die Sie mit Ihren Kindern bearbeiten wollen (z.B.: »Die eigenen Namen« und »Sammlung bekannter Symbole ...«).

Lassen Sie sich Zeit mit dem ersten Baukasten (zwei bis drei Wochen). Loben Sie Ihre Schüler für jede Anstrengung und sprechen Sie Mut zu, wenn etwas noch nicht so recht klappt. Die Kinder sollen die Angst vor zu hohen Ansprüchen verlieren, wieder Mut fassen, Interesse gewinnen und möglichst positive neue Erfahrungen mit der Schrift machen.

In der 3./4. Woche gehen Sie über zu den Übungen und Spielen für die Buchstabenschränke in Baukasten 2 (Buchstaben-Laut-Zuordnung einprägen).

Danach stellen Sie Ihren Kindern aus jedem weiteren Baukasten der Ebene 1 ein bis zwei Vorschläge vor. Versuchen Sie mit jedem neuen Angebot die Neugier der Schüler zu wecken. Das Entdecken und Selbsttun soll ihnen Freude bereiten. Nur dann gehen sie aktiv an die Schriftsprache heran und werden Subjekt ihres eigenen Lernprozesses!

Haben Sie das Interesse oder die Fähigkeiten Ihrer Schüler einmal falsch eingeschätzt und stoßen Sie nach eingehender Vorstellung und Erklärung eines Materials immer noch auf Ablehnung und Stöhnen, lassen Sie ab von der ungeliebten Übungs- oder Spielform und suchen Sie eine Alternative aus demselben Baukasten. Wenn Sie Materialien für die abgelehnte Übung hergestellt haben, lassen Sie diese eine Zeitlang in der Klasse für die Kinder sichtbar und erreichbar liegen. Oft greifen die Schüler den Vorschlag später gern auf.

Wenn Sie Ihren Kindern in jeden der fünf Baukästen Einblick gewährt haben, gehen Sie die Lernziele der Ebene 1 durch (siehe unten) und überlegen Sie, was den Schülern noch fehlt und in welchen Baukästen Sie passende Übungsmaterialien finden. Lassen Sie sich bei der weiteren Übungs- und Spielauswahl nur noch von der Bedürftigkeit Ihrer Kinder (was können sie noch nicht?) und ihren Interessen (was bringt ihnen Spaß?) leiten.

Geben Sie Ihren Schülern immer wieder Zeit für Wiederholungen und Vertiefungen! Lassen Sie bekannte Materialien an festen Orten für die Schüler sichtbar und greifbar liegen. Spiele können oft gespielt werden. Die selbst gefertigten Heftchen reizen immer wieder zum »Vorlesen«, Vergleichen und Erklären (besonders, wenn Besuch in der Klasse ist!). Einmal angefangene Sammlungen sollten ständig erweitert werden. Fordern Sie Ihre Schüler dazu auf!

Allgemeine Lernziele der Ebene 1 heißen: Erkennen, Verstehen und Einprägen von Schriftsprachstrukturen durch Sammeln eigener Erfahrungen beim Umgang mit Buchstaben, Lauten und Wörtern.

Die Schüler können die Ebene 1 verlassen, wenn sie

- Erfahrungen damit gesammelt haben, dass Schriftsprache aus einer begrenzten Anzahl von Schriftzeichen besteht, die Lauten der Sprechsprache zugeordnet werden können (Wissen um die Buchstaben-Laut-Beziehung);
- Buchstaben der Buchstabenschränke 1 und 2 kennen bzw. mit Hilfe der Buchstabenschränke entsprechenden Lauten zuordnen können (Buchstabenkenntnis);
- An-/In-/Auslaute aus gesprochenen Wörtern heraushören können (Lautanalyse);
- zwei bis drei Laute zusammenziehen können (Fähigkeit zur Synthese);
- Erfahrungen gesammelt haben, dass Geschriebenes bestimmte Informationen vermittelt (Entwicklung einer textentsprechenden Sinnerwartung);
- erste Wörter nach auffälligen Schriftzeichen-Merkmalen (z.B. Anfangsbuchstabe, langes Wort unter kürzeren, bekannter In- oder Auslaut) identifizieren können;
- versuchen, erste einfache Wörter zu erlesen.

Ebene 2

Lesen Sie zunächst den Vorspann zur Ebene 2 (Seite 143).

Wie oben erwähnt, sollen die Übergänge von einer Ebene in die andere fließend sein. Die Materialien der ersten Ebene bleiben also zur Wiederholung liegen.

Beginnen Sie mit Baukasten 6 (Buchstaben-Laut-Zuordnung einprägen – Teil 2). Nach intensiver Übung gehen Sie über zum Wörterbuch in Baukasten 7. Verweilen Sie dort, aber schöpfen Sie nicht alle Übungsvorschläge aus, damit es den Schülern nicht langweilig wird und Sie sich die Möglichkeit offen lassen, später noch einmal auf Verbliebenes zurückzugreifen.

Es geht weiter in bekannter Vorgehensweise: Sie stellen Ihren Schülern aus jedem der folgenden Baukästen der Ebene 2 ein bis zwei Beispiele vor und bearbeiten sie mit ihnen.

Wenn dies geschehen ist, schauen Sie, in welchen Bereichen Ihre Schüler jetzt noch am meisten der Übung bedürfen. Wählen Sie entsprechende Materialien aus den Baukästen. Orientieren Sie sich an den Lernzielen der Ebene 2 (siehe unten!).

Denken Sie weiterhin ans Wiederholen und berücksichtigen Sie die Vorlieben Ihrer Schüler!

Sortieren Sie Spielmaterialien aus der Ebene 1 aus, wenn sie nicht mehr gebraucht werden.

Allgemeine Lernziele der Ebene 2 heißen: Die Schüler sollen über das Wörterstrukturieren und -wiedererkennen hinaus zum Wörtererlesen und -schreiben (Druckschrift) kommen.

Die Schüler gehen über zu den Materialien der Ebene 3, wenn sie

- die am häufigsten gebrauchten Schriftzeichen kennen und die restlichen mithilfe der Buchstabenschränke identifizieren und anwenden können;
- Wörter selbstständig erlesen können;

- erfolgreich versuchen, einfache Wörter lautverständlich zu schreiben;
- die Rechtschreibung des ersten eigenen Schreibwortschatzes beherrschen;
- Vorübungen zur Schreibschrift beherrschen.

Ebene 3

Sie lesen den Vorspann zur Ebene 3 (Seite 227).

Stellen Sie nach und nach Übungen und Spiele aus Baukasten 12 bis 15 vor und beginnen Sie mit Ihren Schülern, erste Bücher zu lesen (Vorschläge im Baukasten 16).

Allgemeine Lernziele der Ebene 3: Die Kinder sollen vom Wort- zum Satzlesen und -schreiben kommen. Sie sollen die Schreibschrift schreiben können.

Die Schüler haben die Ebene 3 erfolgreich durchlaufen, wenn sie
- Wörter und kleine Texte von der Druckschrift in die Schreibschrift übertragen können, wobei sie die Buchstabenschränke immer seltener zum Nachschauen benötigen;
- erfolgreich versuchen, eigene Sätze und kleine Texte lautverständlich zu schreiben;
- die Rechtschreibung des erweiterten eigenen Schreibwortschatzes beherrschen;
- die Aussagen von Sätzen und kurzen Texten selbstständig erlesen können.

Verwendung als fibelunabhängiges Zusatzmaterial

Die folgenden Ausführungen gehen davon aus, dass Ihre Schüler das Lesen anhand eines herkömmlichen Leselehrgangs erlernen und/oder dass Sie als Lehrer Materialien und Ideen zur Differenzierung und Förderung suchen für Kinder, denen bestimmte Lernschritte nicht gelingen wollen.

Gehen Sie die folgende Auflistung durch, suchen Sie die Lernschwierigkeiten Ihrer Schüler heraus und beginnen Sie mit den Materialien der dazu angegebenen Baukästen. Die Menge der auszusuchenden Spiele und Übungen wird bestimmt durch die Lernfähigkeit der Kinder. Die Reihenfolge der Bearbeitung innerhalb eines Baukastens ist beliebig. Suchen Sie das heraus, was Ihren Kindern und Ihnen voraussichtlich am meisten Spaß und Erfolg bringen wird.

Wenn Ihre Schüler besondere Schwierigkeiten bei der Lautanalyse und -synthese haben, wird im Folgenden auf die Baukästen 3 oder 5 hingewiesen. Bevor Sie sich mit Ihren Kindern ausschließlich den darin enthaltenen Vorschlägen zuwenden, lassen Sie sich bitte noch einmal die Gedankengänge zum Lesen und Lesen lernen (Seiten 17–20) durch den Kopf gehen, die darauf hinweisen, dass das Aneignen der Lesetechnik allein nicht ausreicht, um das Lesen zu erlernen. Überlegen Sie, ob Sie mit Ihren Schülern zusätzlich zum vorgeschlagenen Material die Baukästen 1 und 4 durchstöbern sollten.

Lernschwierigkeiten und Übungs-/Spielvorschläge

Mangelnde Buchstabenkenntnis

– Das Kind kennt nur einige wenige Buchstaben, vergisst und verwechselt alle weiteren: siehe Ebene 1, Baukasten 2 und Ebene 2, Baukasten 6.
– Das Kind hat Schwierigkeiten im Wiedererkennen von mehrgliedrigen Buchstaben: siehe Ebene 1, Baukasten 2.

Schwierigkeiten bei der Lautanalyse

– Das Kind hat Schwierigkeiten im Heraushören von Lauten in der gesprochenen Sprache: siehe Ebene 1, Baukasten 3.
– Das Kind kann einfache gesprochene Wörter nicht in Laute zerlegen: siehe Ebene 1, Baukasten 3

Schwierigkeiten bei der Lautsynthese

– Das Kind kann Laute nicht zusammenziehen: siehe Ebene 1, Baukasten 5.

Schwierigkeiten beim Wörtererlesen und Inhalterfassen

– Das Kind kann nur wenige, bekannte Wörter wiedererkennen, aber keine neuen selbstständig erlesen: Prüfen Sie, ob Ihr Schüler die Buchstaben kennt und Laute analysieren und synthetisieren kann.
Wenn nicht, versuchen Sie zunächst die Lücken zu schließen (siehe oben!).
Wenn ja: siehe Ebene 2, Baukasten 8 und 9.
– Das Kind rät oft zusammenhanglos und kommt zu falschen Ergebnissen: Beginnen Sie mit Ebene 1, Baukasten 4 und gehen Sie dann über zur Ebene 2, Baukasten 8 und 9.
– Das Kind kann Wörter lautieren, ihnen aber keinen Sinn zuordnen: Beginnen Sie mit Ebene 1, Baukasten 4 und gehen Sie dann über zur Ebene 2, Baukasten 8 und 9.

Schwierigkeiten beim Erlesen einfacher, schriftlicher Aussagen

– Das Kind reagiert bei der Aufforderung, kleine Sätze zu erlesen, sofort mit Ablehnung (»Das kann ich nicht!«): Prüfen Sie, ob Ihr Schüler einzelne Wörter inhaltlich erlesen kann.
Wenn nicht, versuchen Sie zunächst diese Fähigkeit beim Kind zu fördern (siehe Vorschläge »Schwierigkeiten beim Wörtererlesen und Inhalterfassen«!)
Wenn ja, scheut das Kind sich vielleicht vor der Menge der Wörter in einem Satz. Beginnen Sie mit kurzen Sätzen und sich wiederholenden Satzstrukturen: siehe Ebene 3, Baukasten 13 die Vorschläge »Aufstellen zum Satz«, »Vertauschte Sätze«, »Sätze hüpfen«. Gehen Sie dann über zu Ebene 3, Baukasten 14.
– Das Kind lautiert kleine Sätze mit richtiger Betonung, weiß aber nicht, was es gelesen hat: Prüfen Sie, ob Ihr Schüler einzelne Wörter inhaltlich erlesen kann.
Wenn nicht, versuchen Sie zunächst diese Fähigkeit beim Kind zu fördern (siehe Vorschläge »Schwierigkeiten beim Wörtererlesen und Inhalterfassen«!).
Wenn ja, siehe Ebene 3, Baukasten 14.

Schwierigkeiten beim Schreiben

- Das Kind schreibt Buchstaben mit falschem Schreibablauf: Es wird schwer sein, das einmal falsch Eingeübte zu berichtigen. Kopieren Sie dem Kind einen Buchstabenschrank (Druckschrift: Ebene 1, Baukasten 2; Schreibschrift: Ebene 3, Baukasten 12) und markieren Sie den/die Schreibanfang/-anfänge mit einem roten Punkt. Lassen Sie dem Kind viel Zeit zum Üben. Setzen Sie sich zu ihm, so oft Sie können, und sehen ihm beim Schreiben zu, damit sich der richtige Schreibablauf mit der Zeit einschleift. Übungsvorschläge für das Erlernen der Schreibschrift finden Sie auf der Ebene 3, Baukasten 12.
- Das Kind vergisst immer wieder die Schreibweise der Schreibschriftbuchstaben: siehe Ebene 3, Baukasten 12.
- Das Kind schreibt so unsauber, dass es kaum zu lesen ist: siehe »Schönschreiben« im Baukasten 11. Vergrößern Sie die Schreibfiguren beim Kopieren mindestens auf die doppelte Größe und geben Sie dem Schüler einen der vergrößerten Lineatur entsprechend dickeren Filz-, Blei- oder Buntstift. Lassen Sie das Kind einen Buchstaben/ein Wort solange wiederholen, bis es selbst mit mindestens einem Ergebnis zufrieden ist. Dieses wird dann eingerahmt.
Nach Übungsfortschritten kann die kleinere Lineatur beschrieben werden.
- Das Kind kann einfache, gesprochene Wörter nicht lautgetreu aufschreiben: siehe Ebene 2, Baukasten 10.
- Das Kind fühlt sich überfordert, wenn es etwas selbstständig aufschreiben soll: Beginnen Sie mit Ebene 2, Baukasten 10. Stellen Sie keine zu hohen Ansprüche an die Rechtschreibung, wenn das Kind schreibt. Freuen Sie sich am Anfang mit dem Schüler über alles, was entzifferbar *verschriftet* ist (siehe Vorspann zu Baukasten 10).
- Das Kind vergisst immer wieder die Rechtschreibung geübter Wörter: siehe Ebene 2, Baukasten 11 und Ebene 3, Baukasten 13.

Baukastenmaterialien

Ebene 1

Schriftsprachstrukturen erkennen, verstehen und einprägen durch Sammeln eigener Erfahrungen beim Umgang mit Buchstaben, Lauten und Wörtern

Auf der Ebene 1 bekommen die Schüler eine Vielzahl von Möglichkeiten, grundlegende eigene Erfahrungen mit der Schriftsprache zu machen. Ihnen soll bewusst werden, dass Geschriebenes die grafische Umsetzung (Codierung) von Gesprochenem ist und dass die Zeichen/Zeichengruppen, die wir dabei benutzen, Lauten/Lautgruppen zuzuordnen sind.

Die »Buchstabenschränke« veranschaulichen den Kindern von Anfang an, dass die *Anzahl der Schriftzeichen begrenzt* ist. Das soll ihnen die Angst nehmen, dass es sich beim Lesen lernen um ein unendliches Einprägen von neuen Zeichen handeln könnte.

Die Schüler erfahren mit Hilfe der »Buchstabenschränke«, dass die Schriftzeichen überhaupt nicht bewusst auswendig gelernt werden müssen. Es genügt zunächst, das Prinzip der Buchstaben-Laut-Tabelle verstanden zu haben, um Buchstaben in Laute und Laute in Buchstaben umzusetzen. Häufiges Nachschauen fördert das Einprägen ganz nebenbei, sodass die Schüler sich ohne direktes Auswendiglernen nach verhältnismäßig kurzer Zeit mit der Lautzuordnung der am häufigsten gebrauchten Schriftzeichen auskennen und, umgekehrt, oft benutzten Lauten Buchstaben zuordnen können. Wenn ein Kind dazu mehr Zeit braucht als ein anderes, ist das unerheblich, weil es jederzeit die »Buchstabenschränke« zur Hilfe nehmen kann.

Viel wichtiger als Buchstabenauswendiglernen ist der ständige, aktive, forschende Umgang des Lernenden mit der Schrift, wobei jeder Schüler seinen eigenen Zugang finden, seine eigenen Erfahrungen machen und seinen eigenen Lernweg einschlagen kann. Dazu sollen die verschiedenen Übungen und Spiele anregen, die auf dieser Ebene vorgestellt werden.

Denken Sie bitte daran, dass viele lernschwache Kinder die *Sprechsprache* nur ungenügend beherrschen. Schaffen Sie deshalb so viele Situationen wie möglich, in denen gesprochen werden muss und Sprache gefördert werden kann; denn je besser ein Schüler sprechen kann, desto leichter wird er das Lesen lernen. Richten Sie an bestimmten Tagen des Monats Gesprächskreise ein, in denen die Kinder von sich, ihren Wünschen, Ängsten und Erlebnissen erzählen können. Lassen Sie Arbeitsergebnisse im Stuhlkreis vorstellen, erklären, befragen und begutachten. Lesen Sie vor, sooft Sie können. Besprechen Sie mit Ihren Kindern Bilderbücher, Bildergeschichten und Comics.

Schreiben steht auf der Ebene 1 auf keinem Baukasten. Es wird davon ausgegangen, dass Ihre Schüler Vorerfahrungen im Abschreiben der Druckschrift besitzen (siehe

Zielgruppenbeschreibung auf Seite 24). Sollte dies nicht der Fall sein, richten Sie einen sechsten Baukasten auf dieser Ebene ein, in dem ein Schreibkurs für Druckschrift liegt, mit dem die Kinder die notwendigen motorischen Fertigkeiten entwickeln können. (z.B.: Schreiblernheft A, Pelikan AG, Hannover; oder Schreiblehrgang Druckschrift, Verlag Sigrid Persen, Horneburg).

Schreiben bedeutet auf dieser Ebene: Nachspuren (Überschreiben) und Abschreiben von Buchstaben und kleinen Wörtern. Setzen Sie es – wie das Sprechen und Zuhören – bei jeder sich ergebenenden Gelegenheit ein! Vorbilder für das Abschreiben sind alle in der Klasse befindlichen Buchstaben und Wörter.

Es gibt nur ein einziges Wort, bei dem Sie darauf bestehen sollten, dass es von allen Kindern schon auf der Ebene 1 »aus dem Kopf« geschrieben werden kann: der eigene Vorname. Sie finden zum Einüben eine größere Anzahl von Vorschlägen im Baukasten 1.

Lassen Sie Ihre Schüler vielseitige Erfahrungen mit dem Schreiben sammeln: vom Beschriften großformatiger Papiere mit dicken Stiften (Filz- oder Wachsmalstifte) bis zum Schreiben auf kleinen Formaten mit dünnen Schreibern (weiche Blei- und Buntstifte: B 3 – B 5); vom Beschriften von Papieren ohne Linien (z.B. Zeichen- und Packpapiere) bis zum Ausprobieren verschiedener Lineaturen (z.B. Schreibheftseiten und Computerpapiere). Erproben Sie mit Ihren Kindern, was sich für sie derzeit am besten eignet. Achten Sie gleichzeitig darauf, dass möglichst jedes Papier, auf dem zu schreiben begonnen wurde, zu Ende bearbeitet wird und nicht in irgendeiner Ecke oder im Papierkorb landet (keine Materialverschwendung!). Die meisten Fehler oder Unschönheiten können (z.B. mit Radiergummi oder den zur Verbesserung hergestellten Faserschreibern) entfernt und überschrieben werden. Sollte trotzdem einmal etwas unrevidierbar sein (z.B. bei Benutzung von Wachsmalstiften) kann Fehlerhaftes überklebt oder weggeschnitten werden.

Geben Sie den Schülern Gelegenheit, auf dem Schulhof und an der Tafel zu schreiben. Für Kinder, die beim Schreiben zu stark aufdrücken oder zu flüchtig über das Papier huschen, lohnt sich die Anschaffung von Schiefertafeln, die mit Griffel beschrieben werden. Für eine gewisse Zeit sind sie sicher auch für andere Schüler interessant.

Achten Sie beim Nachschreiben Ihrer Schüler darauf, dass sie die richtigen Bewegungsabläufe einhalten (z.B. das O nicht von unten und das e nicht vom Ende her beginnen), damit sie beim späteren Schreibschriftschreiben keine unnützen Schwierigkeiten bekommen.[*] Es ist eine Hilfe, wenn Sie die Schreibanfänge der Buchstaben in den »Buchstabenschränken« mit roten Punkten markieren.

---

[*] Das »Schreibübungsblatt DRUCKSCHRIFT« (Pelikan AG, Hannover) gibt gute Hinweise für Richtformen und Vorschläge für Bewegungsabläufe.

Baukasten 1
Geschriebenes untersuchen, vergleichen, anwenden

Ebene 1

■ Die eigenen Namen

Die eigenen Namen eignen sich vorzüglich zum Einstieg in die Schriftsprache. Sie sind für jedes Kind wichtig und ermöglichen unterschiedliche Einblicke.

Viele lernschwache Kinder können ihre Namen zum Schulbeginn noch nicht sicher schreiben. Sie haben es jedoch alle schon probiert: manche in Blockschrift (ausschließlich große Druckbuchstaben), andere in Gemischtantiqua (große und kleine Druckbuchstaben). Da wir zum Leseanfang die Schrift Gemischtantiqua benutzen, sollten alle Namen ab jetzt in dieser Schrift vorgegeben und reproduziert werden.

Benennen Sie bei Gesprächen immer wieder Buchstaben mit ihrem Laut. Verbessern Sie, wenn Schüler z.B. von /be:/, /de:/ oder /ɛf/ sprechen. Bestätigen Sie Kinder, die das eine oder andere Schriftzeichen schon richtig benennen können. Freuen Sie sich aber auch über diejenigen, die ein gemeintes Schriftzeichen versuchen zu beschreiben (z.B. für das T: der, der wie ein Tisch aussieht). Unterhalten Sie sich beim Arbeiten so viel wie möglich mit den Schülern über die Buchstaben.

☐ Namen auf Karten kleben

Material: Schreiben oder stempeln Sie sorgfältig für jeden Schüler ein Namensschild, das als Vorlage benutzt werden kann. Schneiden Sie verschiedene Karten aus Karton, auf die die Namen geklebt werden sollen.

Stellen Sie zusätzlich in folgender Weise eine Klassenliste zum Kopieren her. (siehe Seite 46)

Beim Beispiel handelt es sich um willkürlich geordnete Buchstaben für die Namen: Monika, Björn, Laura und Diana. Sicher haben Sie mehr als vier Schüler in der Klasse, sodass die Liste länger wird. Die Schriftzeichen oder Schriftzeichengruppen (schauen Sie diese in den »Buchstabenschränken« auf Seite 55 nach!) sind durch gestrichelte Linien voneinander getrennt.

Wenn Ihnen das saubere Schreiben zu aufwendig ist, kleben Sie Buchstaben aus einem Steckkasten zu entsprechenden Reihen und kopieren Sie diese. Die Trennlinien ergeben sich dabei meistens schon durch die Ränder der Buchstabenkärtchen. Wenn sie nicht deutlich zu sehen sind, ziehen Sie sie bitte nach. Vervielfältigen Sie diese Seite und zerschneiden Sie die Kopien zu Buchstabenreihen für jedes Kind.

Aus den angegebenen Materialien sollen Namensschilder entstehen. Sie können im Verlauf des Schuljahres zu verschiedenen Gelegenheiten gebraucht werden: als Tisch-

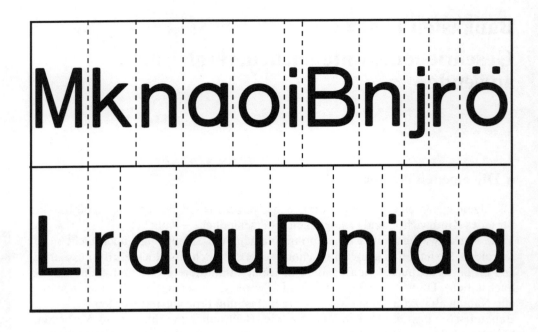

karte, für die Klassenliste, zur Bezeichnung der Ordner, zur Kennzeichnung von (Werk-)Arbeiten oder der Garderobenhaken u.a.m.

Die Schüler bekommen zur Herstellung ihre Buchstabenreihe, schneiden die Schriftzeichen auseinander, ordnen sie nach Vorlage und kleben sie auf die jeweilige Unterlage.

☐ **Namen stempeln**

Material: Stempelkästen, kleinformatige, linierte Papiere

Das Stempeln der Namen ist etwas schwieriger als das Kleben, weil dafür die benötigten Schriftzeichen aus allen Buchstaben des Alphabets aus dem Stempelkasten herausgesucht werden müssen. Lassen Sie die Schüler mehrfache Ausführungen anfertigen und suchen Sie mit ihnen zusammen den schönsten Namen aus (ebenfalls für eine Namenskarte?).

☐ **Die Buchstaben des eigenen Namens finden**

Material: Buchstaben, die für die Schreibung aller Schülernamen notwendig sind

Die Buchstaben liegen ungeordnet auf einem großen Tisch oder auf dem Boden. Die Schüler versammeln sich darum herum und bekommen die Aufgabe, ihren eigenen Namen aus den vorliegenden Schriftzeichen zusammenzusetzen.

☐ Namen vergleichen

Material: Namenkärtchen der Schüler

Wenn die Namenkärtchen für alle sichtbar liegen, hängen oder stehen, beginnen die Schüler meistens von allein damit, bestimmte Merkmale der Namen zu vergleichen und/oder zu benennen: gleiche Anfangs- oder Endbuchstaben, lange oder kurze Namen, gleiche Anzahl von Buchstaben, Auftreten von Buchstabengruppen u.a.m. Regen Sie Ihre Kinder zu weiteren Vergleichen an!

Variation: Vergleichen der eigenen Namen mit anderen Wörtern, die im Klassenraum zu finden sind (z.B. mit Beschriftungen, Wortsammlungen o.a.).

☐ Buchstaben abdecken

Material: Namenkärtchen

Zeigen Sie das eine oder andere Namenkärtchen hoch und decken Sie dabei (mit Fingern oder schmalem Pappstreifen) unterschiedliche Buchstaben ab. Die Kinder raten was fehlt.

☐ Namenschilder vertauschen

Material: Tischkarten

Vertauschen Sie zu Beginn des Unterrichts ohne Wissen der Schüler zwei Tischkarten. Warten Sie auf Reaktionen! Die Schüler sollen dabei Behauptungen begründen.

☐ Namen nachspuren und schreiben

Material: Vervielfältigte Namen der Schüler, ein einfaches Papier in Tischgröße, Papiere in verschiedenen Formaten mit unterschiedlichen Lineaturen, selbstklebende Etiketten, verschiedene Stifte

Lassen Sie von jedem Kind das schönste geklebte Namensschild aussuchen. Stellen Sie die Sammlung auf DIN-A4-Bögen zusammen, kopieren Sie diese mehrfach und schneiden Sie die einzelnen Schilder auseinander. Markieren Sie mit einem roten Stift bei allen Buchstaben die Anfangspunkte zum Schreiben. Erklären Sie den Schülern den Sinn der Punkte, stellen Sie verschiedene Stifte bereit (Blei-, Bunt- und Filzstifte) und lassen Sie die Namen so oft nachspuren, bis das Kind der Meinung ist, dass es ihn gut ohne Vorlage schreiben kann. Dann darf es das mehrfach in verschiedenen Größen und Farben auf dem großen Papier probieren. Achten Sie von Anfang an darauf, dass die Kinder sauber schreiben und das große Blatt nicht vollschmieren.
Danach probieren sie die Schreibung auf den Papieren unterschiedlichen Formats und mit sich ändernden Lineaturen. Wenn die Schüler in der Lage sind, ihren Namen gut lesbar zu schreiben, dürfen sie sich einige unterschiedlich große, selbstklebende Etiketten aussuchen und mit ihren Namen versehen. Wer Lust hat, schmückt die Aufkleber bunt aus.

Ebene 1

Die Namenschlange

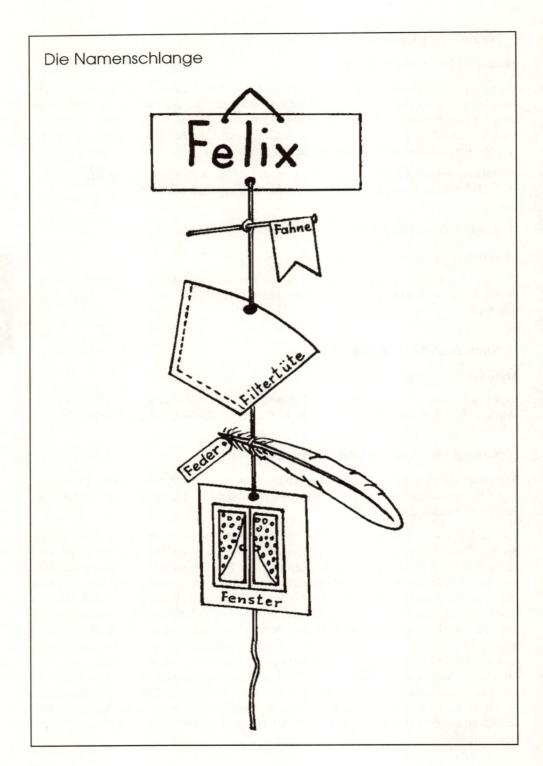

☐ Namenschlangen

Material: Aufhängbare Namenkärtchen mit langem, festem Band; verschiedene Gegenstände und Abbildungen, deren Benennungen mit den Anfangsbuchstaben der Kindernamen beginnen (z.B.: Felix: Faden, Filtertüte, Fenster, Fahne, Feder u.a.m.)

Sammeln Sie zu den vorbereiteten Namenkärtchen der Schüler einige passende Gegenstände und/oder Abbildungen, die die Kinder den Namen zuordnen sollen. Alle passenden Teile dürfen an das Band des Namens gehängt werden (siehe Beispiel Seite 48).
Beschriften Sie die Gegenstände, damit die Kinder auch an der Schreibweise die Gleichheit der Anfänge überprüfen können, und fordern Sie die Schüler auf, in der folgenden Zeit selbst solange weiter zu sammeln, bis die Namenschlange nichts mehr aufnehmen kann.

☐ Namen in Robotersprache

Material: Eine Hand- oder Fingerpuppe (z.B. eine mit einem Robotergesicht bemalte Hülle einer Streichholzschachtel, die über den mit einem Taschentuch bedeckten Zeigefinger gestülpt wird).

Die Puppe stellt sich mit dem Namen »Robo« vor. Dabei soll deutlich werden, dass sie nur in »Robotersprache« sprechen kann; d.h., dass sie nur abgehackte Laute aneinanderreihen und keine Lautsynthese vollziehen kann. Sie kann also nur auflautieren. Ihr Name lautet: /r/–/o/–/b/–/o/.
Robo kann selbstverständlich auch alle Kindernamen nur in der Robotersprache sprechen (auflautieren). Die Kinder geben ein Signal (Handheben, Ja-sagen o.Ä.), wenn sie ihren Namen verstanden haben.
Robo kann gut eingesetzt werden zur täglichen Überprüfung der Anwesenheit.

■ Gegenstände der Klasse beschriften

Material: Pappstreifen von 5–8 cm Breite

Unterschiedlich lange Wörter von Gegenständen des Klassenraumes (Tafel, Tür, Tisch, Fenster, Fensterbank, Schrank, Lampe, Lichtschalter, Heizung u.Ä.) auf Pappstreifen schreiben, mit Klebestreifen an die betreffenden Einrichtungsgegenstände oder Raumteile hängen und mit den Schülern besprechen: Was heißt wohl wie? Welche Wörter beginnen/enden ähnlich? Kannst du das auch hören, wenn du das Wort sprichst? Welche Buchstaben sind dir bekannt? Hast du einen Buchstaben dieser Wörter im eigenen Namen? Finde ein langes/kurzes Wort! Kannst du die Länge des Wortes auch beim Sprechen merken? Bei welchem Wort brauchst du mehr Puste/Atem/Luft, wenn du es sprichst? Klatsche die Silben der Wörter! – Die anderen raten, welches Wort gemeint sein kann. Sprich ein Wort deutlich ohne Ton! – Die anderen raten.
An den folgenden Tagen fehlen zunächst wenige, später mehrere Wörter. Sie liegen auf einem Tisch und werden gemeinsam wieder an die dazugehörigen Gegenstände gehängt.

■ Fotoposter und Überschrift

Material: Fotos von der Einschulung, vom Unterricht, vom Schulfest, vom Ausflug o.Ä., aufgeklebt auf Karton

Finden Sie mit den Schülern zusammen eine kurze Überschrift für Ihr Fotoposter (z.B.: »unser erster Tag«; »in der Schule«; »wir malen« oder »unser Fest«). Schreiben Sie sie (deutlich dabei sprechend) auf das Fotoposter.
Die Kinder dürfen danach ihre Namen unter oder neben die Fotos schreiben, auf denen sie abgebildet sind.

■ Sammlung bekannter Symbole und Schriftzüge aus der Umgebung der Schüler

Material: Verpackungsmaterialien oder Werbeprospekte mit typischen Schriftzügen, die den Schülern bekannt sein können (Beispiele siehe Seite 51); ein festes Papier (ungefähr von der Größe DIN A2), Klebstoff, Scheren

Sammeln Sie einige der oben angegebenen Materialien (Schulhöfe nach der Pause oder Stadtteilzeitungen können eine Fundgrube sein!) und breiten Sie sie vor den Schülern aus. Die Kinder versuchen Schriftzüge zu identifizieren, schneiden sie aus und kleben sie auf das große Papier. Am Schluss »lesen« die Kinder, was auf dem Plakat zu sehen ist.
Losgelöst von der Verpackung, dem Prospekt, der Zeitung ist das Erinnern der Produkt- oder Firmennamen ein bißchen schwieriger, aber Sie werden mit den Kindern staunen, wie viel Schrift schon bekannt ist.
Fordern Sie die Schüler auf, die Sammlung in der folgenden Zeit zu erweitern.

■ Ja – Nein

Material: Kärtchen aus Karton für jeden Schüler (ungefähr DIN-A7-Format)

Zum Schulbeginn ist die neue Klassenzusammensetzung noch ungewohnt. Die Schüler sind verunsichert. Die meisten von ihnen mögen sich noch nicht gleich ausführlich erzählend darstellen oder können es ohnehin nicht besonders gut. Da freuen sie sich, wenn sie ganz einfach mit »Ja« oder »Nein« antworten können.
Es gibt zahlreiche Fragen, bei denen »Ja/Nein«-Antworten genügen, aber wenn alle Kinder gleichzeitig antworten, kann niemand zuordnen, wer was gesagt hat. Wenn die Schüler nacheinander gefragt werden, wird es langweilig. Da bietet sich der Gebrauch von »Ja«- und »Nein«-Karten an.

□ Die »Ja«-Karte

Beginnen Sie mit einem Kennenlernspiel, für das ausschließlich eine »Ja«-Karte gebraucht wird. Schreiben Sie das Wort »Ja« in sauberer Druckschrift auf jedes Kärtchen und verteilen Sie diese an die Schüler.

Beispiele bekannter Symbole und Schriftzüge aus der Umgebung der Schüler

Ebene 1

Die Kinder sitzen im Stuhlkreis, sodass sie sich alle sehen können. Der Lehrer (später ein Schüler) stellt verschiedene Fragen (Hast du Geschwister? Kannst du Rad fahren? Magst du Spagetti? u.a.m.). Die Schüler antworten, indem sie das »Ja«-Kärtchen hochzeigen oder verdeckt in der Hand behalten.
Am nächsten Tag werden die Fragen allgemeiner: Haben Vögel Flügel? Können Fische laufen? Ist Gras rot? Mögen Enten trockenes Brot? Kocht man in der Küche? u.a.m. Beim folgenden Spiel werden keine Fragen mehr gestellt, sondern Behauptungen aufgestellt: Vögel haben vier Beine. Fische können fliegen. Blätter sind grün. u.a.m. Die Kinder bestätigen/nicht mit ihrer »Ja«-Karte. Diese Variation ist dem Spiel »Alle Vögel fliegen hoch!« ähnlich und bringt den Schülern sehr viel Spaß, besonders, wenn sie sich durch zu schnelles Antworten vertun.

☐ Die »Ja«/»Nein«-Karte

Beschriften Sie die »Ja«-Kärtchen auf der Rückseite mit dem Wort »Nein«, verteilen Sie sie wieder an die Schüler und erklären Sie die Bedeutung des neuen Wortes (vielleicht wird es auch erraten?).
Stellen Sie (später Schüler) anfangs neue Fragen zum besseren Kennenlernen (Warst du schon einmal im Krankenhaus? Hast du ein eigenes Zimmer? Kennst du ein Märchen? Bekommst du Taschengeld? u.a.m.). Die Schüler zeigen als Antwort die »Ja«- oder die »Nein«-Seite des Kärtchens.
Spätere Fragestellungen sollen Meinungsäußerungen hervorrufen: Möchtest du, dass der Unterricht früher beginnt? Meinst du, dass mehr Bilder in der Klasse hängen sollten? Möchtest du weniger Hausaufgaben bekommen? Möchtest du, dass wir einen Ausflug machen – ein Fest feiern – eine Spielstunde einrichten? u.a.m. Bei den Antworten werden die »Ja«- und »Nein«-Stimmen ausgezählt.

■ Kinderbilder beschriften

Material: Papier und Zeichen- oder Malutensilien

Kinder zeichnen und malen gern, wenn ihnen Gelegenheit dazu gegeben wird. Sie erzählen mit ihren Bildern ganze Geschichten, die bei nicht allzu begabten Zeichnern ohne erklärende Worte manchmal nur schwer zu verstehen sind. Aber auch gut gelungene Darstellungen können durch Sprache erweitert werden.
Fragen Sie die Schüler Ihrer Klasse, wenn sie eine Darstellung beendet haben: »Was passiert in deinem Bild?« Sagen Sie ihnen, welcher Teil ihres Bildes ohne Erklärung gar nicht oder nur schwer zu erkennen ist. (Bei dem Beispiel auf der Seite 53 ist aus der Zeichnung allein nicht zu entnehmen, dass die dargestellten Personen der Zeichner selbst und sein Freund sein sollen.) Fragen Sie, ob Sie es dazuschreiben dürfen.
Beschriften Sie Kinderzeichnungen nur nach Absprache mit dem Kind. Gehen Sie mit dem Bild eines Kindes nicht um wie mit einem Diktattext. Gedankenlose Verbesserungen oder Veränderungen der bildnerischen Produkte können Kindern die Sorglosigkeit nehmen, mit der sie sich zeichnend und malend ausdrücken. Es wäre schade darum.

Denken Sie immer daran, dass das Bild eines Kindes eine individuelle, kreative Darstellung ist, die nicht ohne Einverständnis verändert werden sollte. Beim obigen Beispiel wollte oder konnte der Zeichner z.B. keine Erklärung abgeben über die verschlungene Linie im Rechteck an der rechten Hauswand. Ich unterließ weitere Nachfragen und verzichtete auf eine Beschriftung. Das Kind wollte jedoch eine Beschriftung der gut gelungenen Darstellung des Autos. Der Wunsch wurde erfüllt.

Wenn Bilder dieser Art über einen längeren Zeitraum in Augenhöhe der Kinder im Klassenraum hängen, sind sie immer wieder Gesprächsanlass. Dabei stehen die Schüler oft vor den Bildern, um einzelne Wörter zu entziffern. Sie helfen sich dabei gegenseitig, vergleichen und diskutieren.

Baukasten 2
Buchstaben-Laut-Zuordnung einprägen
(Teil 1)

Die Buchstabenschränke

Material

Buchstaben-Laut-Tabelle: Die Buchstabenschränke (Druckschrift), (siehe Seite 55)

Drei Buchstabenschränke bilden eine Buchstabentabelle, in der die am meisten verwendeten Buchstaben der Schriftsprache aufgelistet sind. Jeder Schrank hat mehrere Fächer, in denen überwiegend eine Abbildung zu finden ist, deren Anlaut dem Buchstaben zugeordnet werden kann, der im selben Fach zu sehen ist (in Groß- und Kleinschreibung): z.B.: ein Mond für M, m; Äpfel für Ä, ä; eine Gabel für G, g.

Der mittlere Schrank enthält Vokale (a, e, i und andere) und Diphthonge (au, ei, eu). *Im linken Schrank* finden Sie Konsonanten, die sich gut gedehnt sprechen lassen (zum Beispiel: m, l, w) und deswegen für erste Synthese-Übungen gut geeignet sind. *Der rechte Schrank* zeigt Konsonanten, die sich als Anlaut nur schwer mit einem Vokal verbinden lassen (Sprenglaute wie d, b oder k) und darüber hinaus Konsonanten, die weniger häufig verwendet werden.

Spiele und Übungen der Ebene 1, die die Lesetechnik vermitteln wollen, beziehen sich schwerpunktmäßig auf Buchstaben des linken und des mittleren Schrankes, weil mit ihnen sowohl die Lautsynthese als auch die Lautanalyse leichter zu verdeutlichen ist (Dehnbarkeit der Laute). Schriftzeichen des dritten Schrankes werden in der Ebene 2 intensiver einbezogen (siehe ab Seite 144!).

Trotzdem werden beim Kennenlernen der Buchstaben-Lauttabelle hier im Baukasten 2 *alle* Schriftzeichen mit den dazugehörigen Symbolen vorgestellt, damit die Schüler von vornherein einen Überblick bekommen über die Begrenztheit der Buchstabenanzahl und auch die Lautung (noch) selten benutzter Schriftzeichen mit Hilfe der Tabelle erkunden können.

Eindeutige Buchstaben werden durch eine einzige Abbildung symbolisiert (zum Beispiel M, Au, G, Sch und Ähnliches).

Mehrdeutige Schriftzeichen sind mit zwei verschiedenen Bildern versehen worden, die die unterschiedlichen Aussprachemöglichkeiten veranschaulichen (z.B. bei V, A, O und Ähnliches). Es gibt dabei Ausnahmen: zum Beispiel das Ch, das S, das C oder das Y. Beim Ch ist nur der Laut /ç/ durch den Chinesen dargestellt worden. Für den Erstleseunterricht wäre zusätzlich die Symbolisierung des Lautes /x/ dringend notwendig, wie er zum Beispiel im Wort »Dach« als Auslaut zu hören ist. Leider gibt es kein deut-

Die Buchstabenschränke (Druckschrift)

M m	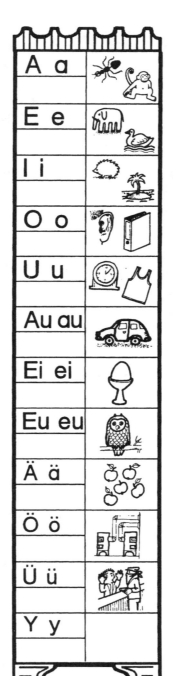	A a		D d	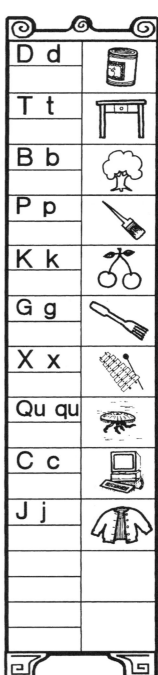
N n		E e		T t	
R r		I i		B b	
L l		O o		P p	
H h		U u		K k	
F f		Au au		G g	
W w		Ei ei		X x	
V v		Eu eu		Qu qu	
Z z		Ä ä		C c	
S s		Ö ö		J j	
Sch sch		Ü ü			
Ch ch		Y y			

Ebene 1

sches Wort, das bildlich darstellbar wäre und mit dem Laut /x/ beginnt. Vermitteln Sie diesen zusätzlich möglichen Laut den Schülern mündlich, wenn entsprechende Wörter zu lesen sind (z.B. bei »machen«, »suchen«, »Koch« u.a.).

Entsprechendes gilt für das S, für das durch die Sonne nur der Laut /z/ symbolisiert wird. Das scharfe /s/ wie in »Messer« finden wir in der deutschen Sprache nur als In- oder Auslaut und muss deshalb mündlich vermittelt werden.

Ähnlich verhält es sich bei dem Buchstaben C. In den Buchstabenschränken finden sie nur die Abbildung eines Computers, womit der Laut /k/ symbolisiert wird. Weitere Aussprachemöglichkeiten des Buchstaben C müssen ebenfalls bei Bedarf geklärt werden.

Für das Y finden sich in der deutschen Sprache gar keine kindgemäßen, eindeutig bildhaft symbolisierbaren Wörter. Sie können den /i:/-Laut des Buchstabens durch das Einzeichnen des Mädchens Yvonne, die in der Klasse oder Schule zu finden ist, symbolisieren. Den /j/-Laut müssen Sie dann wiederum später bei Bedarf mündlich vermitteln.

Erfreulicherweise werden Y und C nicht allzu häufig verwendet.

Sie finden in den Buchstabenschränken sowohl eingliedrige (m, l, a, t und Ähnliches) als auch zweigliedrige (ch, ei, eu und Ähnliches) und sogar einen dreigliedrigen Buchstaben (sch). Haben Sie wegen der Mehrgliedrigkeit keine Angst vor einer Überforderung der Schüler! Mehrgliedrige Buchstaben haben den Vorteil, dass sie in der Aussprache eindeutig sind (nur *ein* Abbild steht als Symbolisierung). Kinder, die von vornherein an mehrgliedrige Buchstaben in der Tabelle gewöhnt sind, können sie im Wortverband gut herausfinden. *Lassen Sie es sich mit den Schülern zur Gewohnheit werden, mehrgliedrige Buchstaben zu suchen und zu kennzeichnen. Dabei kann unter das Sch (sch) eine Wellenlinie gezeichnet werden und die zweigliedrigen Zeichen werden mit einem Häkchen verbunden:* Sch, sch, au, ei, ch *und andere mehr.*

Überlegungen vor Beginn der Arbeit

– Denken Sie daran, dass beim Lesen- und Schreibenlernen Buchstaben nur mit den dazugehörigen Lauten benannt werden. Zum Beispiel heißt das L /l/ und nicht /ɛl/, und das Z wird /ts/ genannt und nicht (tsɛt/).
– Lernschwache Kinder neigen beim selbstständigen Schreiben dazu, Vokale auszulassen. Die Unterscheidung von Konsonant und Vokal ist Leseanfängern aber nur schwer zu vermitteln. Es hat sich als hilfreich erwiesen, den mittleren Schrank der Buchstabentabelle, der Vokale und Diphthonge enthält, besonders zu markieren (zum Beispiel mit gelbem Stift übermalen). Dann kann später beim Schreiben den Kindern erklärt werden, dass jedes Wort (jede Silbe) mindestens eines dieser Schriftzeichen enthalten muss.
– Da die Schüler sich die Buchstaben selbstständig handelnd einprägen sollen, müssen die Buchstabenschränke stets zur Hand sein: in der Schule und zu Hause.

Machen Sie für jeden Schüler zwei Kopien der Buchstabenschränke und stecken Sie sie wegen der besseren Haltbarkeit in Prospekthüllen. Kleben Sie im Klassenraum eine Prospekthülle auf den Schülertisch (für Rechtshänder links, für Linkshänder rechts). Die andere kommt in den Schulranzen.

Übungen und Spiele zum Verstehen der Buchstabenschränke und zur Orientierung auf der Tabelle

■ Begriffe klären

Mit den Buchstabenschränken haben die Kinder den sprachrelevanten Lautbestand als Schriftzeichen plus Anlaut-Abbildung vor sich. Wenn sie das Prinzip der Tabelle einmal verstanden haben, können sie nachsehen, wie ein Laut geschrieben (Schreibversuche) oder wie ein Buchstabe gesprochen wird (Leseversuche), ohne ständig Hilfe in Anspruch nehmen zu müssen.

Damit sich später keine Fehler durch Verwendung nicht gemeinter Begriffe einstellen, müssen die Abbildungen eindeutig benannt werden können. Ich habe mich bei der Erstellung der Tabelle darum bemüht, so weit es möglich ist, Begriffe aus der Umwelt der Kinder zu verwenden und sie eindeutig zu zeichnen. Leider ist dies nicht durchgehend zu machen gewesen, sodass die Kinder zur Einführung beim einen oder anderen Bild eine Erklärung brauchen. Fragen Sie Ihre Schüler, was ihnen unbekannt ist, gehen Sie mit ihnen Bild für Bild durch und geben Sie die gemeinten Bezeichnungen vor, wenn Unsicherheiten auftreten.

Manche Kinder ...
– ...haben Schwierigkeiten bei der Aussprache des »Ch« bei »Chinese«. Sie sprechen »Ch« wie »Sch«. Verbessern Sie!
– ...erkennen auf Anhieb nicht das Ohr beim »O«. Klären Sie!
– ...haben noch keine »Orchidee« gesehen. Bringen Sie eine mit in die Klasse!
– ...bezeichnen die zweite Abbildung beim »U« nicht als »Unterhemd«. Geben Sie das Wort vor!
– ...verwechseln die Eule mit Uhu. Benennen Sie!
– ...verstehen nicht die Mehrzahlbildung bei den Umlauten »Ä« und »Ö«. Helfen Sie!
– ...assoziieren bei »Ü« nicht »Überfall«. Helfen Sie!
– ...haben noch keine Qualle gesehen. Lassen Sie andere Kinder von ihren Stranderfahrungen berichten und/oder bringen Sie Fotos oder einen Lehrfilm mit.

■ Begriffe festigen

Alle Wörter sollen den Kindern gut im Gedächtnis bleiben, sodass es später keiner Anstrengung bedarf, den Begriff für eine Abbildung zu finden. Die folgenden Spiele helfen dabei.

■ Plättchenspiel

Material: Muggelsteine, Knöpfe, Plättchen o. Ä. und pro Mitspieler eine Buchstabentabelle

Jeder Schüler bekommt ein Häufchen Muggelsteine. Die Lehrkraft sagt einen Begriff, und die Kinder belegen die dazugehörige Abbildung mit einem Muggelstein. Gewonnen hat, wer zuerst den einen oder anderen Schrank »vollgepackt« hat.

■ Das Wörterwürfeln

Material: Zerschneiden Sie die Kopie einer Buchstabentabelle so, dass Sie Kärtchen von den einzelnen Schrankfächern haben. Außerdem werden gebraucht: mehrere Muggelsteine o.Ä., eine Setzfigur (z.B. aus einem »Mensch-ärgere-dich-nicht«-Spiel) pro Kind und ein Würfel.

Legen Sie die einzelnen Fächer der Schränke rund um ein Häufchen Muggelsteine. Die Mitspieler sitzen darum herum und stellen ihre Setzfiguren auf ein beliebiges Schrankfach, dessen Abbildung sie benennen können. Der erste Mitspieler würfelt und setzt seine Setzfigur im Uhrzeigersinn von Schrankfach zu Schrankfach weiter nach Anzahl der gewürfelten Augen. Kann er die Abbildung, die er erreicht hat, benennen, bekommt er einen Muggelstein aus der Mitte. Gewonnen hat, wer am Spielende die meisten Muggelsteine besitzt.

■ Anlaute analysieren und den Buchstaben zuordnen

Neben der Begriffserklärung ist es für die eigenständige Benutzung der Buchstabenschränke wichtig, dass die Anlaute der Begriffe analysiert und den Schriftzeichen zugeordnet werden können. Bei den folgenden Spielen und Übungen lernen die Kinder, dass im Prinzip jedem Laut ein Buchstabe in Groß- und Kleinschreibung zugeordnet wird und umgekehrt. Sie bemerken aber auch, dass es zahlreiche Ausnahmen gibt. Zum Beispiel:
- ein Schriftzeichen hat zwei Lautzuordnungen (zum Beispiel A, E, I, V ... etc.);
- ein Laut hat zwei verschiedene Schreibmöglichkeiten (zum Beispiel /v/: W oder V; /ɛ/: E oder Ä);
- zwei oder sogar drei Schriftzeichen symbolisieren einen Laut (zum Beispiel Au, Ei, Ch, Sch ... etc.);
- beim Doppellaut /kv/ werden anstatt »Kw« zwei neue Schriftzeichen, nämlich »Qu«, benutzt.

Hinzu kommt, dass sich mehrere Laute ähneln (zum Beispiel S und Z, M und N, U und O und Ähnliches), aber mit völlig unterschiedlichen Schriftzeichen bezeichnet werden. Hingegen ähneln sich Schriftzeichen, deren Lautierung keinerlei Ähnlichkeit aufweist (zum Beispiel n, u oder I, l).
Die Schüler haben also viel zu lernen. Haben Sie Geduld und geben Sie ihnen Zeit!
Die folgenden Spiele sollen die Lernprozesse erleichtern:

■ Buchstaben finden

Material: Eine Hand voll Muggelsteine für jeden Schüler, die Buchstabenschränke

Variation A: Spielleiter: »Lege deinen Stein auf /a:/ wie bei ›Ameise‹! Lege auf /r/ wie bei ›Rakete‹! Lege auf /c/ wie bei ›Orchidee‹!« ... etc. Die Kinder legen.
Variation B: Spielleiter: »Lege deinen Stein auf /m/, /i:/, /t/ ... etc.!« Die Kinder legen. Gewonnen hat, wer einen Schrank in richtiger Weise gefüllt hat.

Die Übergänge von Variation A zu B sind fließend. Belegen Sie als Spielleiter eine eigene Tabelle, damit Sie überprüfen können, ob die Kinder richtig gelegt haben.

☐ Ich sehe etwas!

Material: Buchstabenschränke

Spielleiter: »Ich sehe etwas, das beginnt mit /m/.« Wer richtig antwortet, darf die nächste Suchaufgabe stellen.

☐ Bilder zuordnen

Material: Schneiden Sie aus einer Tabelle alle Abbildungen heraus. Kopieren Sie diese Tabelle mehrfach; kopieren Sie – getrennt davon – die Abbildungen in gleicher Anzahl.

Die Schüler ordnen die Bilder den Buchstaben zu. Wer nicht mehr weiter weiß, schaut in der eigenen Buchstabentabelle nach, die verdeckt auf dem Tisch liegt.
Für diese Übung eignet sich die Partnerarbeit besonders, weil die Kinder dann zum Sprechen kommen.

☐ Buchstaben zuordnen

Material: Schneiden Sie alle Buchstaben aus einer Tabelle und kopieren Sie die buchstabenlosen Schränke für jeden Schüler

Die Kinder schreiben die Groß- und Kleinbuchstaben an den richtigen Platz. Wer nicht mehr weiter weiß, schaut in der eigenen Buchstabentabelle nach, die verdeckt auf dem Tisch liegt.

☐ Anlaut-Würfeln

Material: Spielplan (siehe Seiten 60 und 61), Würfel mit nur 1, 2 und 3 Augen, Setzfiguren

Den rechten Rand der ersten Spielplanhälfte abschneiden und die beiden Spielplanteile passgenau zusammenkleben.
Die Mitspieler sitzen so vor dem Spielplan, dass sie die Buchstaben richtig herum sehen können. Jeder stellt seine Spielfigur in die Ausgangslage (Start). Je nach gewürfelten Augen dürfen sie reihum ein bis drei Felder vorrücken. Sie benennen die Abbildung(en), und wenn sie den richtigen Anlaut formulieren können, dürfen sie ein weiteres Feld vorrücken. Wenn dem Mitspieler der Anlaut unbekannt ist, wird er ihm gesagt, und die Spielfigur bleibt am Platz stehen.
Gewonnen hat, wer zuerst am Ziel ist.
Bei mehr als vier Mitspielern ist es ratsam, in Partnerschaft zu spielen und sich gegenseitig zu beraten oder mit zwei Spielplänen zu spielen.

Anlaut-Würfeln

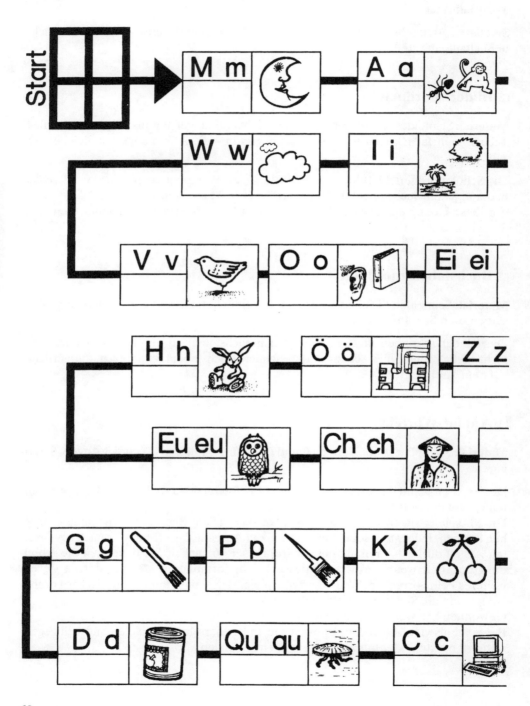

Spielplan

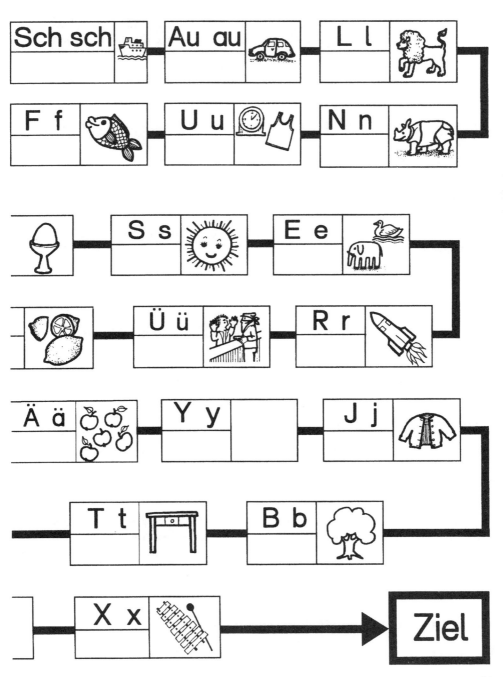

☐ **Bildpaare zuordnen**

Material: Abbildungen vom Spielplan »Bildpaar-Hüpfen« (siehe Seiten 64 und 65)

Die Abbildungen des Spielplans »Bildpaar-Hüpfen« ausschneiden und auf dem Tisch auslegen. Die Kinder sitzen darum herum und suchen nach Bildern mit gleichem Anlaut, die jeweils ein Paar ergeben (Elefant-Esel, Auto-Auge usw.). Gewonnen hat, wer die meisten Bildpaare findet.

Variation: Das Spiel kann auch als Memory gespielt werden. Dafür werden die Bildpaare getrennt und in zwei Kartengruppen verdeckt auf den Tisch gelegt. Von jeder Kartengruppe darf ein Bild aufgedeckt werden. Ergeben sie ein Paar und erkennt es der Spieler, darf er es behalten. Gewonnen hat, wer die meisten Bildpaare findet.

☐ **Bildpaar-Hüpfen**

Material: Spielplan »Bildpaar-Hüpfen« (siehe Seiten 64 und 65), Setzfiguren und Würfel

Den rechten Rand der ersten Spielplanhälfte abschneiden und die beiden Spielplanteile passgenau zusammenkleben.
Die Mitspieler stellen ihre Spielfiguren in die Ausgangslage (Start) und würfeln nacheinander. Die Spielfigur rückt entsprechend der gewürfelten Augen vor. Befindet sich weiter vorn eine Abbildung mit dem gleichen Anlaut, darf bis dorthin gesprungen werden (z.B. von »Sonne« zu »Sofa«). Gewonnen hat, wer zuerst das Ziel erreicht.

Variation: Es darf nicht nur vorwärts, sondern es muss auch rückwärts gesprungen werden.

Zusätzliche Übungsmöglichkeiten

■ **Buchstaben ertasten**

Material: Buchstaben aus Holz/Plastik oder Buchstaben aus gut ertastbaren Materialien (z.B.: Sandpapier, Folie, Samt, Wellpappe o.Ä.) geschnitten und auf gleich große Pappen geklebt; dazu ein Karton, der mit der Öffnung nach unten auf dem Tisch steht und der rechts und links zwei Greiflöcher hineingeschnitten bekommt.

Die Schüler sitzen im Kreis. Der Fühlkarton (gefüllt mit verschiedenen Buchstaben) wird von einem zum anderen geschoben. Jeder darf mit zwei Händen in den Karton greifen und versuchen, einen Buchstaben zu ertasten. Das Kind benennt ihn und holt ihn heraus. Ist ein Zeichen richtig identifiziert, bekommt das Kind einen Punkt. Gewinner ist, wer am Schluss die meisten Punkte hat.

■ **Buchstaben auf den Rücken schreiben**

Partner schreiben sich gegenseitig Buchstaben auf den Rücken und erraten sie.

■ Gegenstände des Klassenraumes bezeichnen

Material: Buchstabenkarten

Möbel, Raumelemente, wichtige Gegenstände, Materialien und Arbeitsecken im Klassenraum werden benannt. Der Anlaut des Namens wird herausgehört und der entsprechende Buchstabe an den Gegenstand geklebt, z.B. »T« an die Tafel, ebenfalls »T« an die Tür, »F« ans Fenster usw.
Wenn Sie nach Baukasten 1 schon Gegenstände der Klasse beschriftet haben, heben Sie nur die Anfangsbuchstaben der Beschriftungswörter hervor (z.B. durch Überschreiben mit dickem Stift).

■ Groß-Klein-Zuordnung

Material: Tafel oder Arbeitsblatt

Groß- und dazugehörige Kleinbuchstaben werden ohne Ordnung an die Tafel oder auf ein Stück Papier geschrieben. Die Kinder kreisen zwei Zusammengehörige ein und verbinden sie mit einem Strich.

Bildpaar-Hüpfen

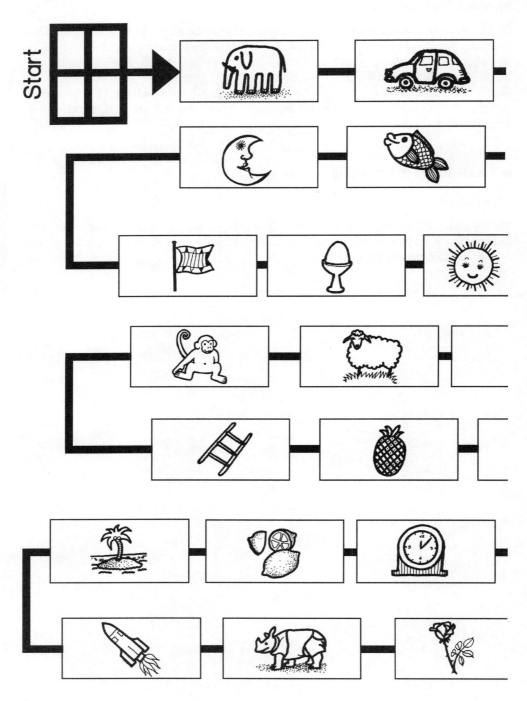

Spielplan

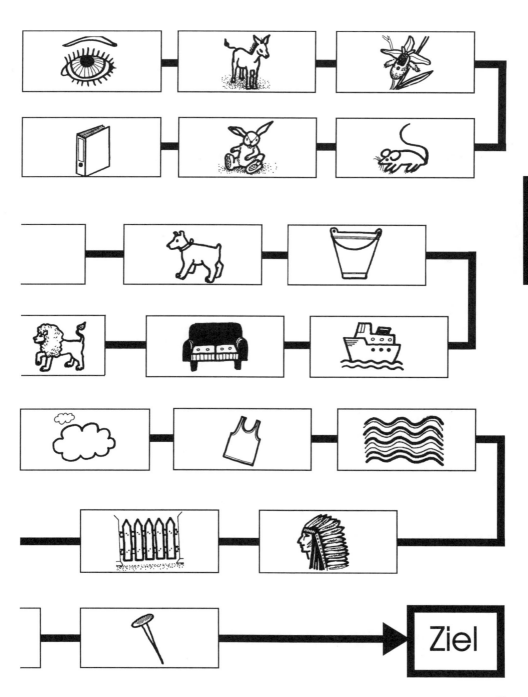

Ebene 1

Baukasten 3
Analyse: Laute heraushören und Buchstaben zuordnen

■ In welchem Wort entdeckst du den gesuchten Laut?

Material: 13 Bildseiten (siehe Seiten 67 bis 79): jede Seite ist für einen Buchstaben bzw. für den entsprechenden Laut zusammengestellt worden

Die Bilder auf den Seiten sind reihenweise geordnet (Reihe 1 bis 4). Jede Reihe besteht aus drei Bildern (vorn, Mitte, hinten). So kann bei der Besprechung die Lage der Abbildungen genau bestimmt werden: z.B. der Arm auf der Aa-Seite: 3. Reihe in der Mitte.

Wenn Sie die Kinder von Anfang an daran gewöhnen, die Seiten bei der Besprechung reihenweise durchzugehen (wobei jede Reihe links beginnt), wird ein wichtiges lesetechnisches Verhalten gleich mit eingeübt: Augenbewegung von links nach rechts und Zeilensprung.

Die Schüler benennen die Bilder. Sie suchen die Abbildungen heraus, in deren Wörtern sie den gesuchten Laut erkennen, und benennen seine Position (vorn, Mitte, hinten oder: am Anfang, in der Mitte, am Ende des Wortes). Danach malen sie die gesuchten Abbildungen an. Falsche Abbildungen (ein bis zwei pro Seite) werden durchgestrichen.

Wenn die bearbeiteten Seiten später zusammengeheftet werden (vorn und hinten mit einem Deckblatt versehen!), hat jedes Kind ein eigenes, selbst bearbeitetes Buch, das es anderen zeigen und erklären kann.

Variation: Die Schüler schreiben einen Großbuchstaben in das Bild, wo das dazugehörige Wort den Buchstaben am Anfang hat. Sie schreiben Kleinbuchstaben, wenn sie den Laut als In- oder Auslaut erkennen.

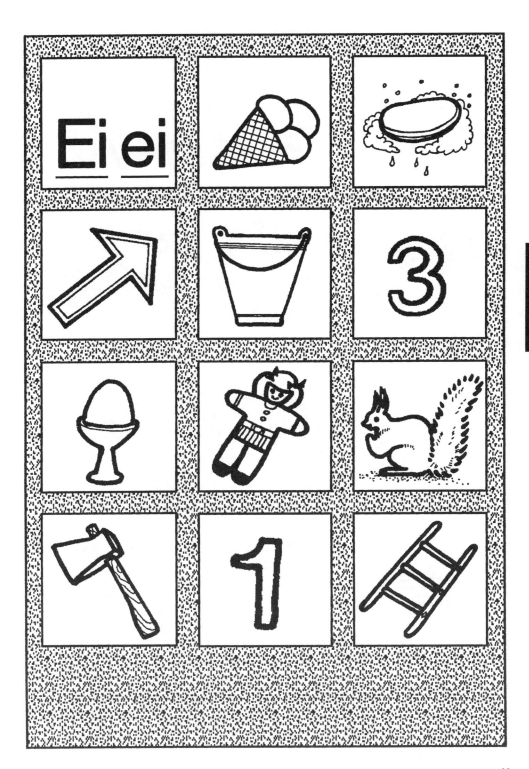

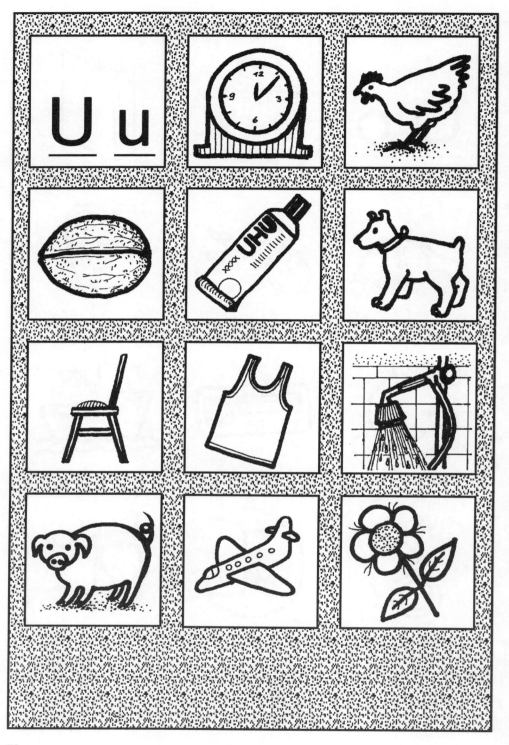

Sch / sch

■ Anlaut-Lotto

(zwei bis vier oder acht Mitspieler)

Material: vier Spielunterlagen (siehe die Seiten 81 bis 84) und 32 Bildkarten (siehe die Seiten 85 bis 87)

Die Lotto-Karten werden an die Mitspieler verteilt. Bei acht Mitspielern spielen je zwei Kinder in Partnerschaft an einer Spielunterlage.
Der Spielleiter (Lehrer/Schüler) mischt die Bildkarten, legt den Stapel verdeckt auf den Tisch und dreht jeweils die oberste Karte um. Wer von den Mitspielern auf seiner Lotto-Karte einen Buchstaben erkennt, der dem Anlaut des Bildwortes entspricht, ruft: »Hier!«, benennt das Bild und den Anlaut und bekommt die Karte.
Gewonnen hat, wer seine Lotto-Kartenfelder zuerst vollständig mit Bildkarten bedeckt hat.

Variationen: Die Spielunterlagen mit anderen Buchstaben überkleben und entsprechende Bildkarten aus dem Anhang zusammenstellen.

■ Ball werfen

Material: ein weicher Ball

Die Schüler setzen sich in einen Stuhlkreis. Ein Kind ruft einen Laut und wirft einem anderen Kind den Ball zu. Der Empfänger muss ein Wort finden, das mit diesem Laut beginnt.

Variationen:
a) Der Empfänger sucht ein Wort, das den angegebenen Laut enthält oder mit ihm endet.
b) Wer ein Wort gesagt hat, gibt den Ball weiter an den Nachbarn. Der gibt ihn auch weiter, wenn er ein weiteres kennt und so fort. Wer kein Wort mehr weiß, muss ein Pfand abgeben.
c) Der Werfer sagt ein Wort, der Empfänger muss herausfinden, womit das Wort beginnt (endet).

Anlaut-Lotto

Spielunterlage 1

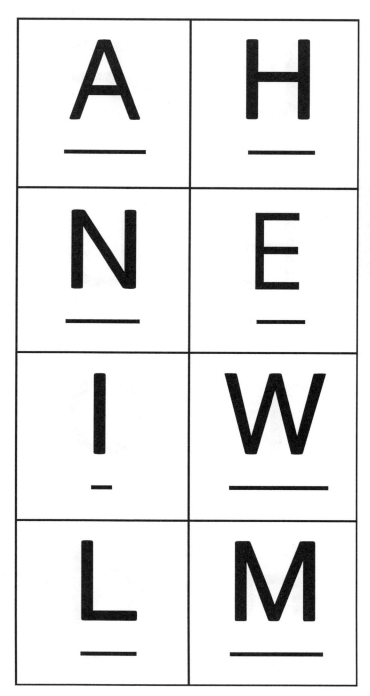

Ebene 1

Anlaut-Lotto Spielunterlage 2

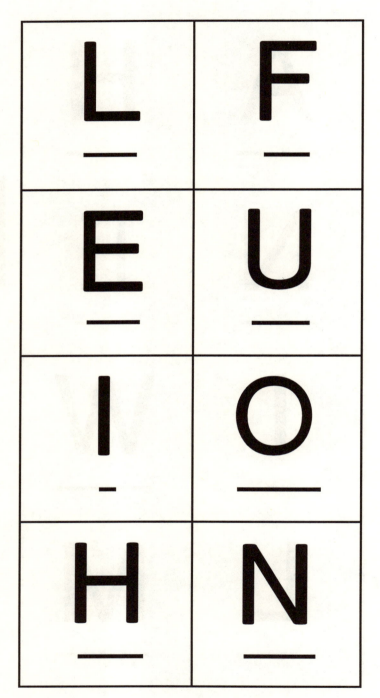

Anlaut-Lotto

Spielunterlage

Ebene 1

M	U
F	H
O	S
A	N

Anlaut-Lotto

Spielunterlage 4

A	U
L	N
S	O
W	M

Anlaut-Lotto Bildkarten

Ebene 1

Anlaut-Lotto   Bildkarten

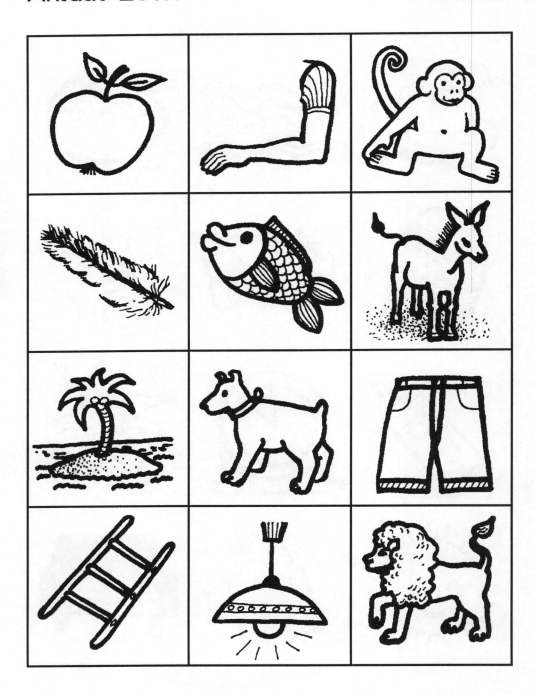

Anlaut-Lotto Bildkarten

■ Schiffe beladen 1

Material: Die Bildkarten der Seiten 89 bis 90 und vier Papierschiffe (aus DIN-A4-Papieren gefaltet), die mit den Buchstaben A, N, L, O beschriftet werden.

Die Bildkarten werden gemischt, verdeckt gestapelt und nacheinander aufgedeckt. Ein Kind benennt die Abbildung und den Anlaut des Wortes und lädt das Bild in das Schiff, das den entsprechenden Buchstaben zeigt.

Variation: Schiffe beladen 2: Bestimmung der Lautposition

Material: Drei Schiffe werden gefaltet und wie folgt beschriftet: A – , – a –, – a.

Die Bedeutung dieser Beschriftung wird den Kindern erklärt:
A –: Der Laut ist Anlaut des Wortes;
– a –: Der Laut ist Inlaut des Wortes;
– a: Der Laut ist Endlaut des Wortes.

Dazu gehören die Bildkarten der Seite 91.

Gespielt wird wie oben. Die Kinder benennen die Bilder und bestimmen, ob der gesuchte Laut am Anfang, am Ende oder in der Mitte des Wortes zu hören ist. Entsprechend werden die Schiffe beladen.

Weitere Variationen dieses Spieles können Sie sich selbst anfertigen, indem Sie entsprechende Bilder aus dem Anhang auswählen. Bei unserem Wortschatz sind dreifache Lautpositionsbestimmungen jedoch nur ergiebig bei Wörtern mit Aa (siehe obiges Beispiel!), mit Ll, Mm, Nn, Oo und Ss.

Schiffe beladen 1

Bildkarten

Ebene 1

Schiffe beladen 1   Bildkarten

Schiffe beladen 2 Bildkarten

Ebene 1

■ Was hörst du in der Mitte?

Material: Neun Seiten für ein kleines Bilderbuch (siehe die Seiten 93 bis 95)

Die Vorlagen für jedes Kind kopieren und zu Bilderbuchseiten schneiden (dritteln). Auf jeder Seite finden Sie drei Abbildungen einsilbiger Wörter. Die Dreiteilung unterstützt die Raum-orientierung der Kinder: Bei der Besprechung stehen benannte Bilder stets »links, rechts, in der Mitte« oder »vorn, hinten, in der Mitte«. Das trägt zur komplikationslosen Verständigung bei. Achten Sie beim Vorlesen/Vorstellen einer ganzen Seite durch die Schüler darauf, dass von links nach rechts vorgegangen wird (Lese-/Schreibrichtung).

Unter den Bildern ist jeweils eine dreigegliederte Leiste zu sehen, bei der das mittlere Feld durch stärkere Umrandung hervorgehoben ist. In dieses Kästchen soll nach der einführenden Besprechung der Buchstabe des Lautes geschrieben werden, der in der Mitte des darüber abgebildeten Wortes zu hören ist. Die gesuchten Buchstaben sind durchgehend Vokale, lang oder kurz gesprochen, anfangs ein- später auch zweigliedrig (»uh« kann auf dieser Übungsebene durchaus als eingliedriges »u« anerkannt werden, »au« und »ei« sind zweigliedrig).

Die Kinder bekommen die Seiten zum Bearbeiten entweder alle gleichzeitig (zu einem kleinen Buch zusammengeheftet) oder einzeln nacheinander, sodass das Büchlein erst zusammengestellt wird, wenn alle Seiten bearbeitet worden sind.

Wer fertig ist, malt an.

Was hörst du in der Mitte?

Was hörst du in der Mitte?

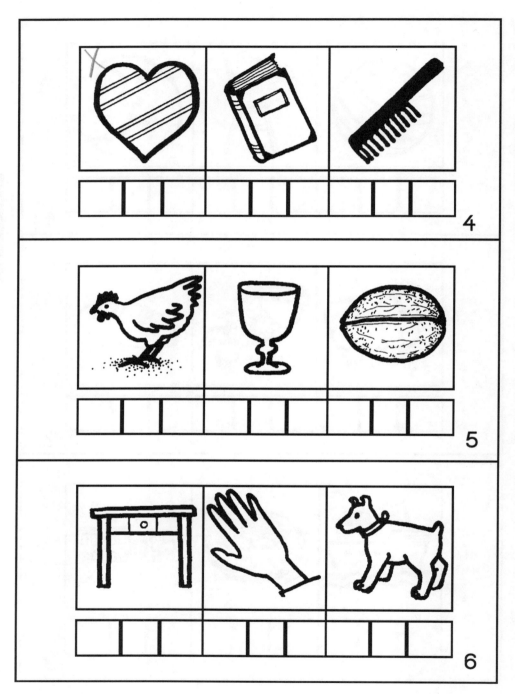

Was hörst du in der Mitte?

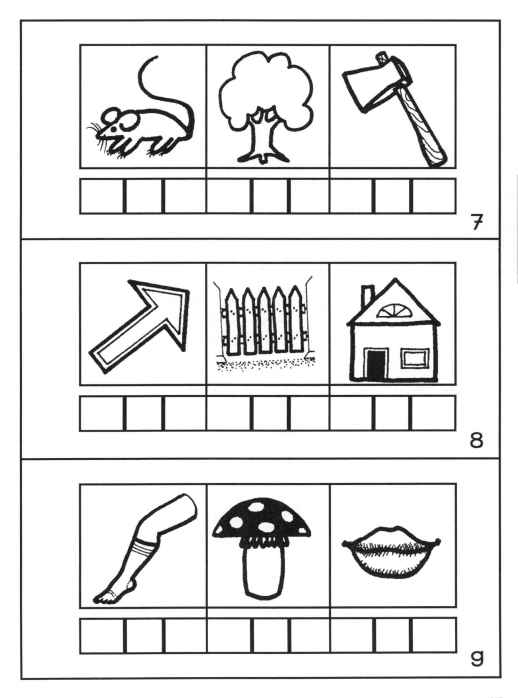

■ Robotersprache: Auflautieren

Material: Bildkarten (siehe die Seiten 97 und 98)

Robotersprache heißt, dass Wörter in Einzellaute zerlegt werden, die unverbunden hintereinander gesprochen werden (ohne Lautsynthese), sodass es sich »abgehackt« anhört. Viele Kinder haben mit dieser Sprechweise erhebliche Schwierigkeiten, sollten es aber auf jeden Fall üben, denn das Auflautieren ist Grundlage des Schreibens. Für manche Schüler ist schon das Wörterhören bei dieser Aussprache nicht einfach. Sagen Sie Ihren Kindern vor Beginn des Spiels, dass sie »große Elefantenohren« machen sollen, damit sie jeden Laut mitbekommen und alles verstehen.

Wenn Sie es noch nicht getan haben, spielen Sie mit ihren Schülern vorweg »Robotersprache (und Lotto-Spiel)« (siehe Seite 137 in Baukasten 5: »Synthese: Laute zusammenziehen«). Dabei geben Sie als Lehrkraft das Auflautieren vor, und die Kinder versuchen zu verstehen. Wenn die Schüler sich eingehört haben, können sie es mit dem vorliegenden Spiel selbst versuchen.

Die Bildkarten werden ausgeschnitten, gemischt und verdeckt nebeneinander auf den Tisch gelegt, um den die Kinder herumsitzen. Ein Mitspieler deckt eine Karte auf, sieht sich die Abbildung an und versucht sie deutlich in Robotersprache zu sprechen (z.B. /a–f–ə/ für Affe; /b–a–l/ für Ball; /h–a–z–ə/ für Hase; /t–a–n–ə/ für Tanne usw.). Gelingt dies, bekommt er die Karte, und der Nachbar ist an der Reihe.

Es ist falsch, wenn Laute vergessen, verwechselt oder zusätzlich in die Lautkette hineingesetzt werden oder wenn nicht das ganze Wort in einzelne Laute zerlegt worden ist. Gewonnen hat, wer am Ende die meisten Karten besitzt.

Variationen:

1) Die Mitspieler zerlegen Wörter – wie oben – in Lautreihen und schreiben diese dann auf (Tafel oder Papier). Groß- und Kleinschreibung und Rechtschreibregeln sind hierbei uninteressant. Wichtig ist, dass das Wort lautverständlich – wie gesprochen – in Buchstabenreihen umgesetzt wird.
2) Suchen Sie weitere (schwierigere?) Bildkarten aus dem Anhang und lassen Sie die Kinder damit spielen und arbeiten.

Robotersprache: Auflautieren — Bildkarten

Ebene 1

Robotersprache: Auflautieren Bildkarten

■ Anlaut-Domino 1 (nur bebildert)

(Kleingruppe ab vier bis fünf Personen)

Material: Dominokarten 1 ausschließlich mit Abbildungen (siehe die Seiten 100 bis 101)

Dominokarten ausschneiden und mischen. Jeder Mitspieler erhält drei bis vier Karten. Die folgende Karte wird als Anfang in die Mitte des Tisches gelegt, die restlichen liegen verdeckt gestapelt.
Beide sichtbaren Abbildungen der Anfangskarte werden benannt, ihre Anlaute bestimmt. Hat der Mitspieler, der an der Reihe ist, eine Karte, deren Abbildung mit gleichem Anlaut beginnt, darf er anlegen. Ansonsten muss er eine Karte vom Stapel aufnehmen, und der nächste Spieler darf fortfahren.

Gewonnen hat, wer zuerst alle Karten angelegt hat.

Variation: Anlaut-Domino 2 (mit Bild und Anfangsbuchstaben)

Material: Dominokarten 2 mit Abbildungen und Buchstaben (siehe die Seiten 102 und 103)

Spielregeln wie oben!
Die Abbildungen je einer Kartenhälfte sind durch Buchstaben ersetzt worden, die die Anlaute der anzulegenden Abbildungen bestimmen.

Ebene 1

Anlaut-Domino 1   Spielkarten

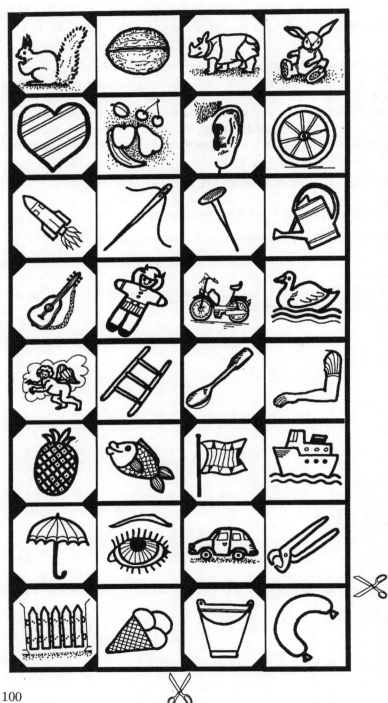

Anlaut-Domino 1 — Spielkarten

Anlaut-Domino 2 — Spielkarten

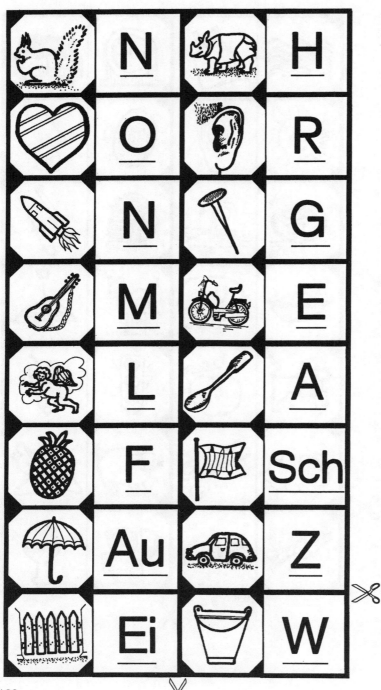

Anlaut-Domino 2 Spielkarten

Ebene 1

■ Buchstaben kaufen

Material: Buchstaben eines bekannten Wortschatzes (z.B. Vornamen der Kinder, Zutaten des Obstsalates, Bezeichnungen der Gegenstände in der Klasse o.a.)

Die Lehrkraft stellt sich den gewünschten Wortschatz mit den Buchstaben eines Steckkastens zusammen oder schreibt die Buchstaben selbst auf kleine Kärtchen.
Unter den Mitspielern wird ein »Kaufmann« ausgewählt, der die Schriftzeichen bekommt. Er legt sie schön sortiert als »Ware« aus.
Die anderen Kinder dürfen sich nacheinander jeweils einen Buchstaben kaufen, indem sie ihn benennen (z.B.: »Ich möchte das große T«) oder beschreiben (z.B.: »Ich möchte den, der wie ein Tisch aussieht. Der mit dem Strich runter und einem daraufgelegt«).

Der Verkäufer sollte weit genug von den Mitspielern entfernt sein, damit nicht einfach auf die gewünschten Schriftzeichen gezeigt werden kann.

Baukasten 4
Sinnerwartung wecken, herausfordern, präzisieren

Bedenken Sie, dass es in diesem Baukasten weder um das Erlesen geht noch um beliebiges Assoziieren, sondern um sinnvolles, kontrolliertes Raten. Die Schüler sollen lernen, Hypothesen zu formulieren und zu begründen. Dies ist eine wichtige Fähigkeit auf dem Weg zum Lesen lernen, wenn wir davon ausgehen, dass Lesen ein hypothesentestender Prozess ist. Je besser ein geübter Leser aus den bereits gewonnenen Informationen auf folgende schließen und je präziser er seine Annahmen anhand der Schrift überprüfen kann, desto effektiver ist sein Vorgehen. Diese Fertigkeit soll mit Hilfe der nachfolgenden Übungen und Spiele schon beim Lesen lernen trainiert werden.

■ Wie geht es weiter?

Material: Ein Bilderbuch mit wenig Text (wenn möglich: Großformat mit großer Schrift zum Mit»lesen« oder einzelne Bilderbuchseiten mit einem Tageslichtprojektor an die Wand projizieren)
Wenn die Schule keine interessanten Bücher zu bieten hat: In der Leihbücherei gibt es immer eine gute Auswahl!

Der Lehrer liest langsam eine kleine Geschichte vor und zeigt dabei mit dem Finger/Zeigestock auf das jeweilige Wort im Text. Er hält verschiedentlich vor dem Aussprechen inne, zögert ein bisschen und die Kinder raten, wie es weitergeht, wie das nächste Wort wohl heißt. Jede sinnvolle Antwort wird akzeptiert. Danach wird weitergelesen.

■ Das Hosentaschenbuch 1

Material: Seiten des Hosentaschenbuches 1 (siehe Seite 107 bis Seite 110) mit dem Thema »Tiere« nach Anzahl der Kinder vervielfältigen, schneiden und in richtiger Reihenfolge zusammenheften. Beachten Sie beim Kopieren, dass Vorder- und Rückseite bedruckt sind!

Die kleinen Bücher austeilen, betrachten, besprechen, anmalen. Schon nach kurzzeitigem Umgang mit den Heftchen wissen die Kinder ungefähr, welche Abbildungen auf den Rückseiten zu erwarten sind. Wenn sie sich zusätzlich die eine oder andere Information aus den geschriebenen Wörtern holen, wissen sie auch, wie das Wort heißt, das sie gerade betrachten. Zur Kontrolle: Bitte umblättern!

Das Hosentaschenbuch ist nicht zum einmaligen Gebrauch gedacht. Es sollte so deponiert werden, dass es immer wieder einmal hervorgeholt werden kann, um es »(vor-)zulesen«.

Variation: *Das Hosentaschenbuch 2* mit dem Thema »Obst« (siehe Seite 111 bis Seite 114)

Es ist ähnlich zu handhaben wie das Hosentaschenbuch 1.

■ Wer hat das richtige Wort?

Material: 24 Bild- und 24 Wortkarten (siehe Seite 115 bis Seite 118). Die Wortbilder ähneln sich.

Die Wortkarten werden an die Mitspieler verteilt. Der Spielleiter zeigt eine Bildkarte. Die Schüler sehen nach, ob sie die richtige Wortkarte dafür besitzen. Das Kind, das die passende Wortkarte hochzeigt, bekommt das Bild. Es muss seine Auswahl gegenüber anderen Mitspielern mit ähnlichen Wörtern begründen und verteidigen.

■ Was gehört zusammen?

Material: Zwei Spielunterlagen mit jeweils zwölf Feldern (siehe Seite 119), ein Satz Bildkarten (siehe Seite 120) und ein Satz Bild-Wortkarten (siehe Seite 121/122).

Auf der einen Spielunterlage liegen ungeordnet die Bildkarten (Abbildung verdeckt) und auf der anderen die Bild-Wortkarten (Schrift sichtbar).
Die Kinder decken zuerst eine Bildkarte auf und versuchen dann anhand ihrer individuell vorhandenen Auswahlkriterien auf der anderen Spielunterlage ein Wort zu finden, das dazugehören könnte. Die Auswahl muss begründet werden (z.B.: »Das kann ›Ananas‹ heißen, weil es mit A anfängt« oder: »Das kann ›Baum‹ heißen, weil es so kurz ist« oder: »Das kann ›Schiff‹ heißen, weil hinten ein f ist« o.Ä.).
Zur Kontrolle wird die ausgewählte Bild-Wortkarte umgedreht. Ist die Abbildung auf der Rückseite identisch mit dem aufgedeckten Bild, bekommt das Kind beide Karten.

Hosentaschenbuch 1   (Rückseite beachten)

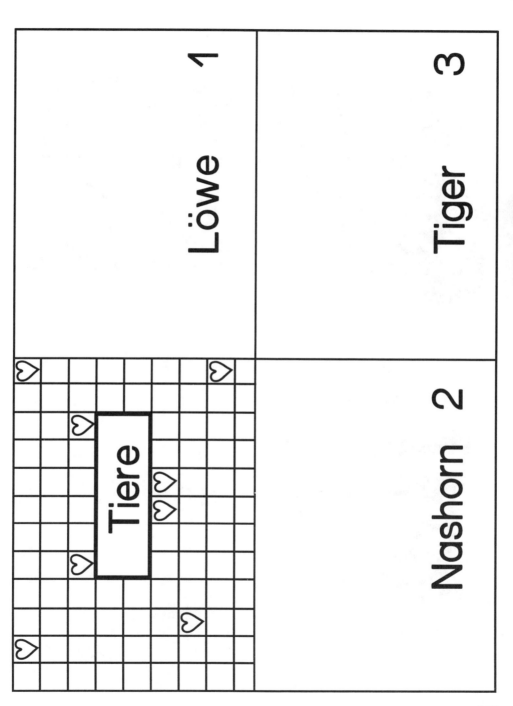

Hosentaschenbuch 1   Rückseite

Hosentaschenbuch 1   (Rückseite beachten)

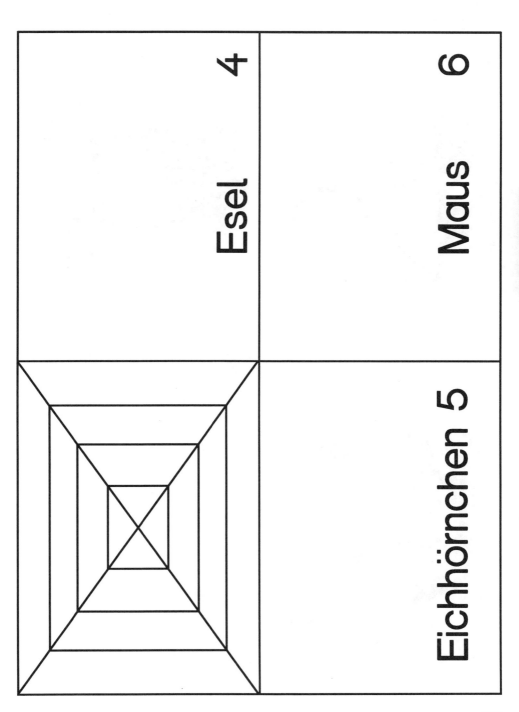

Ebene 1

Hosentaschenbuch 1   Rückseite

Hosentaschenbuch 2 (Rückseite beachten)

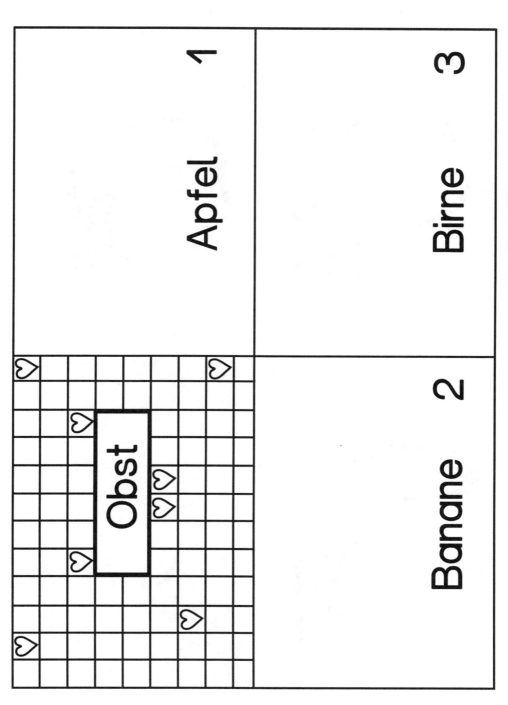

Hosentaschenbuch 2 Rückseite

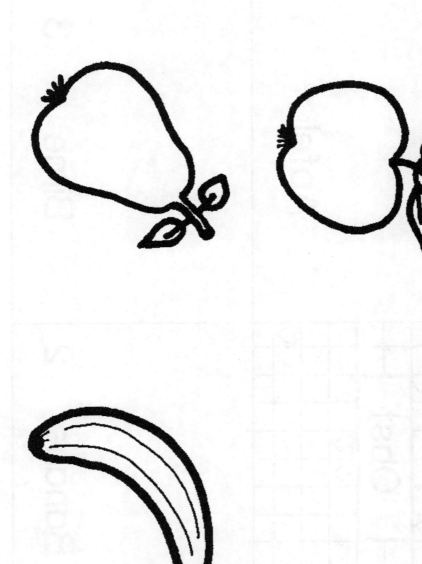

Hosentaschenbuch 2 (Rückseite beachten)

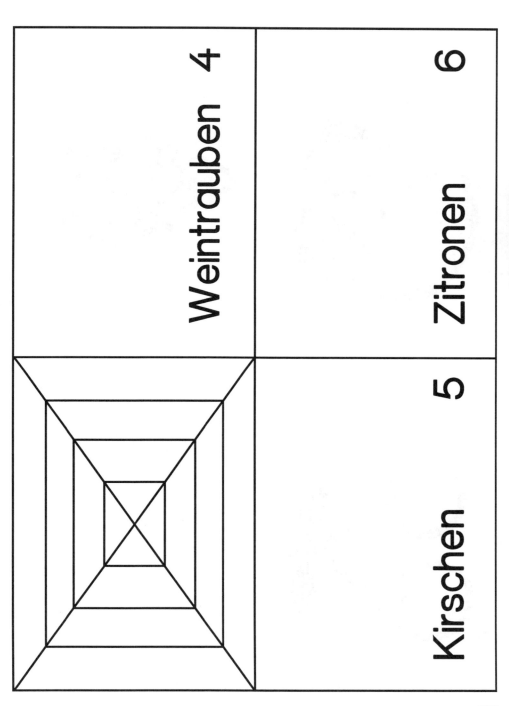

Ebene 1

Hosentaschenbuch 2   Rückseite

Wer hat das richtige Wort?   Bildkarten

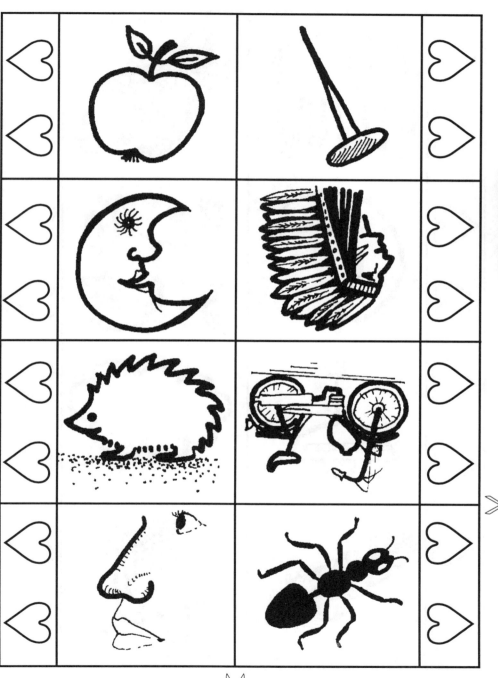

Wer hat das richtige Wort?   Bildkarten

116

Wer hat das richtige Wort? Bildkarten

Ebene 1

Wer hat das richtige Wort? Wortkarten

Apfel	Ampel	Ameise
Mofa	Sofa	Mond
Igel	Insel	Indianer
Nagel	Nadel	Nase
Esel	Engel	Elefant
Wolken	Wurst	Wellen
Löwe	Löffel	Lampe
Fisch	Schiff	Feder

Was gehört zusammen? Spielunterlage
(wird in doppelter Ausführung gebraucht)

Ebene 1

Was gehört zusammen? Bildkarten

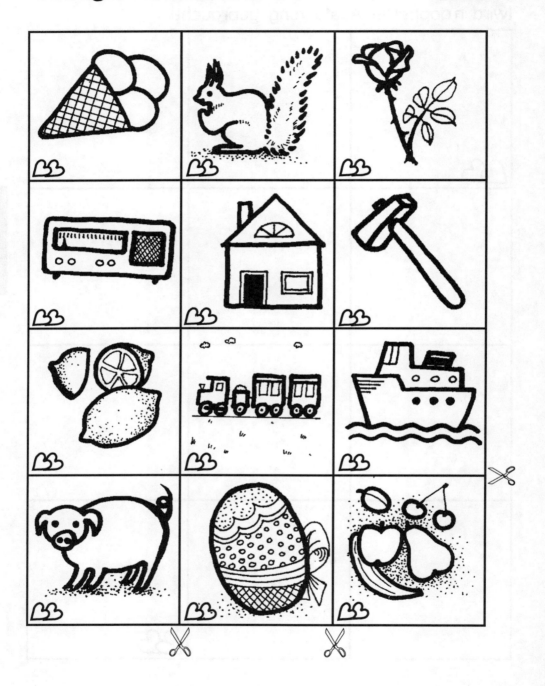

Was gehört zusammen?

Bild-Wortkarten
(Rückseite beachten)

Ebene 1

Bildwortkarten — Rückseite

Rose	Eichhörnchen	Eis
Hammer	Haus	Radio
Schiff	Zug	Zitrone
Obst	Osterei	Schwein

■ Der Obstsalat und die Zutaten

Material: Verschiedene Obstsorten, Küchenmesser und Schneidebretter für jedes Kind, eine große Schüssel mit Salatbesteck; große Wortkarten, auf die die Obstsorten geschrieben sind

Wir beginnen die Stunde mit Salatschüssel und -besteck. Alle anderen Geräte und Zutaten sind noch nicht sichtbar.
Die Schüler raten sicher schnell, dass ein Salat zubereitet werden soll. Es wird darauf hingewiesen, dass es ein *Obst*salat werden soll.

Wir zeigen den Kindern die vorbereiteten Wortkarten:
z.B.:   Apfel
         Apfelsine
         Ananas
         Birne
         Banane
         Kirschen,
benennen sie als »Zutaten« und fragen, was wohl wie heißen könnte. Jede Vermutung muss begründet werden.
Kommen keine Vorschläge mehr von den Kindern, stellen wir die Zutaten auf den Tisch und lassen weitere Überlegungen anstellen. Die Wortkarten können dann der jeweiligen Obstsorte zugeordnet werden.
Danach wird das Obst kleingeschnitten, in der Salatschüssel gemischt und portionsweise verspeist.

Variationen: Beim Backen (z.B. Kekse oder Brötchen) oder Kochen (z.B. Gemüsesuppe oder Milchreis) kann entsprechend vorgegangen werden: Die Zutaten werden schriftlich vorgegeben, und die Schüler überlegen, was wie heißen könnte.

■ Fotoposter und Beschriftung

Material: Fotos von der Einschulung, vom Unterricht, vom Schulfest, vom Ausflug o.Ä., aufgeklebt auf Karton

Den Kindern mag schon bekannt sein, dass Fotos mit ihren eigenen Namen beschriftet werden (siehe »Fotoposter und Überschrift«, Seite 50). Jetzt sollen ganze Sätze unter den Fotos stehen. Dafür wird eine neue Fotoserie besprochen.
Anschließend sagt die Lehrkraft den Kindern, dass sie die Fotos beschriften möchte mit Sätzen, die die Schüler ihr sagen. Die Kinder mögen sich kurz fassen, weil sonst zu viel zu schreiben ist.
Bei starker mundartlicher Prägung der Kindersprache bitten Sie die Schüler, so gut es geht, Hochdeutsch zu sprechen. Hören Sie genau zu, was die Kinder Ihnen diktieren. Formulieren Sie nicht um, denn die Schüler werden später zu Ihrer Schrift das assoziieren, was sie selbst gesagt haben!

■ Zahlenpaare

Material: Zahlenkärtchen in zwei Ausführungen (siehe Seite 125)

Zahlenkärtchen von 1 bis 10 in beiden Ausführungen ausschneiden und auf dem Tisch ausbreiten, um den die Schüler sitzen. Die Karten liegen mit den Zahlen nach unten, sodass zehn leere und zehn beschriftete Rückseiten zu sehen sind.

Die Kinder decken zuerst eine Karte auf, die keine Beschriftung zeigt, und benennen die Zahl. Sie suchen das dazugehörige Zahlwort. Wenn sie ihre Wahl begründet haben, dürfen sie zur Kontrolle das zweite Kärtchen umdrehen.

Variationen:

- Wenn die Spielregeln bekannt sind, können mehrere Zahlenpaarsätze eingegeben werden.
- Jeder Schüler bekommt mehrere Karten ohne Rückseitenbeschriftung in die Hand und legt sie auf die ausgebreiteten Zahlwortkarten. Zum Schluss werden alle Wortkarten zur Kontrolle umgedreht.

Zahlenpaare (Rückseite beachten)

1	6
2	7
3	8
4	9
5	10

drei	fünf
acht	eins
sechs	zehn
zwei	sieben
neun	vier

Ebene 1

Zahlenpaare Rückseite

5	3
1	8
10	6
7	2
4	9

Baukasten 5
Synthese: Laute zusammenziehen

Sie finden in diesem Baukasten eine Reihe von Spielen und Übungen, mit deren Hilfe Sie versuchen können, den Schülern die Lautsynthese nahezubringen. Ich formuliere bewusst vage, denn entgegen vieler Versprechen kann meines Wissens bis heute niemand eine Methode vorweisen, die die Aneignung der Synthese wirklich gewährleisten kann. Es bleiben alles mehr oder weniger Versuche und Annäherungen, die – eingebettet in andere Aktivitäten zum Lesen lernen – vielleicht das eine oder andere Kind ansprechen und weiterbringen.

Machen Sie die Vorschläge dieses Baukastens nicht zum Mittelpunkt ihres Unterrichts und verharren Sie nicht zu lange auf einer Spielart. Wechseln Sie sie viel, damit Ihre Schüler immer wieder neue Impulse bekommen.

■ Lautgebärden

Eine Methode, Kinder die Synthese mit Hilfe von Bewegung vollziehen zu lassen, ist die Anwendung von Lautgebärden, wobei von den Schülern synchron zur gesprochenen Sprache Hand- oder Bewegungszeichen dargeboten werden. Die Kinder sprechen dabei den Laut solange, bis sie das nächste Zeichen zeigen (Dehnsprache).

Diese Lehrform wird in der Sonderpädagogik seit vielen Jahren angewendet und hat zur Entwicklung mehrerer Lautzeichensysteme geführt.[*] Leider werden die Möglichkeiten ihrer Einsetzbarkeit häufig überschätzt (z.B. wenn sie als Methode benutzt wird, die den gesamten Leselernprozess begleitet). Sie sind – wie andere Bewegungshilfen zur Lautsynthese in diesem Baukasten – nur am Anfang des Leselernprozesses in begrenztem Umfang sinnvoll zu nutzen.

Lautgebärden sind so angelegt, dass sie Assoziationen zur Sprech- oder Schreibweise bestimmter Buchstaben hervorrufen. Sie gehen aber leider davon aus, dass es für jedes Schriftzeichen nur eine Aussprachemöglichkeit gibt (schon die »Buchstabenschränke« widerlegen das), und vermitteln dem Lernenden fälschlicherweise, dass es für jedes einzelne Schriftzeichen einen Laut gibt (1:1-Entsprechung von Buchstaben und Lauten). Diese Voraussetzungen gelten jedoch ausschließlich für so genannte lautgetreue Wörter (z.B. »Sofa«: /zo:fa/) und führen bei den meisten Wörtern der deutschen Sprache zu entstellenden Überdehnungen oder sinnlosen Aussprachen (z.B. »ist«: /ist/ und nicht /i:zt/ oder »rennen«: /rɛneən/ und nicht /re:nne:n/).

[*] Wegen des hohen Bekanntheitsgrades der Lautgebärden werden sie hier nicht mehr im Einzelnen abgebildet. Sie finden eine Auflistung der gängigsten Handzeichensysteme bei Leonhard Blumenstock: Handbuch der Leseübungen, 3. Aufl., Weinheim/Basel 1991 (Seiten 97 bis 113).

Wenn Sie Lautgebärden positiv nutzen wollen, bleiben Sie im spielerischen Bereich mit Buchstaben und Lauten und stellen Sie Ihren Schülern nur eine kleine Auswahl von Zeichen vor, mit denen neben verschiedenen Silbenbeispielen auch einige lautgetreue Wörter dargestellt werden können (z.B. Zeichen für o, a, m, s, f, mit denen die Wörter »Oma, Mama, Sofa, Mofa« gezeigt werden können).

Stellen Sie Gebärden als Geheimsprache vor, mit der – wenn die Methode bekannt ist – auch tonlos gesprochen werden kann, wobei das gezeigte Wort oder die dargestellte Silbe zu erraten ist. Wenn Ihnen keine Lautgebärden bekannt sind, denken Sie sich mit Ihren Kindern zu bestimmten Lauten eigene Bewegungszeichen aus.

Der Einsatz von Lautgebärden ist wirksam zur Unterscheidung ähnlich klingender Laute (z.B. m/n; w/f).

■ Silben hüpfen

Material: Auf den Boden markierte Quadrate (mit Kreide gezeichnet, mit Tesakrepp geklebt oder ausgelegte Teppichfliesen), in die Buchstabenkarten (Vokale, Diphthonge) verteilt werden (siehe Abbildung 1 unten!). Zusätzlich werden Konsonantenkarten benötigt.

Die Kinder stellen sich um das Spielfeld herum auf. Ein Kind bekommt eine Konsonantenkarte in die Hand (z.B.: m). Es lautiert den Konsonanten (/mmmmmm .../) so lange, bis es zu einem Vokal in ein Quadrat hüpft und die entsprechende Lautsynthese spricht (/ma/).

Danach lautiert der Spieler wieder den Konsonanten (/mmmm .../), springt zum nächsten und zum nächsten Vokal, um im jeweiligen Feld wieder die entsprechende Lautsynthese zu formulieren (/mo/, /mi/ ... etc.). Wenn alle Vokale besucht worden sind oder wenn das Kind aufhören möchte, hüpft es aus den Spielfeldern heraus und der nächste (oder genannte) Mitspieler ist dran – mit demselben oder dem nächsten Konsonanten.

Variationen:

– Konsonanten liegen in den Spielfeldern (siehe Abbildung 2 unten!), Vokale sind in der Hand der Kinder.
– In jedem Spielfeld liegen ein Vokal und ein Konsonant (z.B. en, as, il). Die Schüler hüpfen mit einem Konsonanten in der Hand.

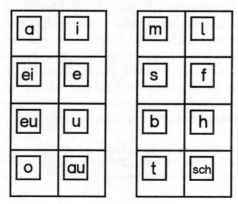

Abb.1   Abb.2

■ Der Kran

Material: Buchstabenkarten und ein aus Kreissegmenten entstandenes, auf den Boden gezeichnetes oder mit Tesakrepp geklebtes Spielfeld; in jedes Segment wird ein Vokal/Diphthong gelegt:

Ein Spieler steht im mittleren Kreis, hält eine Konsonantenkarte in der nach vorn ausgestreckten Hand und spielt den Kran. Als Kranführer lautiert er den Konsonanten (z.B. /nnn.../), dreht sich, stoppt vor einem Vokal (z.B.: o), »fährt« mit der Konsonantenkarte hinunter zum Vokal (weiteres Lautieren: /nnn.../), um die Vokalkarte aufzuheben. Wenn diese berührt wird, wird die Lautsynthese ausgesprochen (z.B. /no:/). Das Kind erhebt sich wieder, übergibt die hochgeholte Vokalkarte dem Spielleiter und beginnt, wenn es mag, das Spiel von vorn.

Variationen:

- Konsonanten liegen in den Spielfeldern, Vokale/Diphthonge sind in der Hand der Kinder.
- In jedem Spielfeld liegen ein Vokal und ein Konsonant (z.B. on, if, el). Die Schüler haben einen Konsonanten in der Hand.

■ Der Fahrstuhl

Material: Das Fahrstuhl-Haus (siehe Seite 130) als Spielunterlage und dazugehörige Konsonantenkärtchen, die ausgeschnitten werden.

Die Vokale »wohnen in den Wohnungen«. Ein Konsonant fährt im Fahrstuhl hinauf und herunter. Er wird solange lautiert, bis er auf einer Etage hält und sich mit dem Vokallaut verbindet.

Der Fahrstuhl

m
n
r
l
h
f
w
z
s
sch
j

a
e
i
o
u
au
ei
eu
ä

130

■ Die Lok

Material: Spielzeuglokomotive (auch selbst hergestellt aus Holz oder Pappe), Vokal- und Konsonantenkarten

Auf der Lok ist ein Konsonant befestigt; auf mehreren Güterwagen, die nebeneinander abgestellt sind, verschiedene Vokale. Während die Lok auf einen Güterwagen zufährt, wird der Konsonant lautiert. Stößt sie mit einem Güterwagen zusammen, erfolgt die Lautsynthese mit dem jeweiligen Vokallaut.

Achtung!: Leserichtung von der Sicht der Kinder (von links nach rechts) beachten!

Variation: Auf der Lok eine Vokalkarte befestigen, auf den Güterwagen Konsonantenkarten.

■ Silben würfeln

Material: Zwei Blanko-Würfel mit Klebepunkten (ungefähr 1 cm Durchmesser). Auf die Klebepunkte des einen werden Vokale geschrieben), auf die des anderen Konsonanten.

Die Kinder würfeln der Reihe nach mit zwei Würfeln gleichzeitig. Sie schieben die Würfel zusammen und versuchen das Ergebnis zu entziffern. Jede richtig gelesene »Silbe« ergibt einen Punkt, eine Salzstange, eine Rosine o.Ä.

Variation: Drei anstatt zwei Würfel, wobei zwei mit Konsonanten versehen sind. Der gewürfelte Vokal (andere Farbe!) soll beim Zusammenschieben immer in der Mitte liegen.

■ Mi, komm nach Haus!

Material: Spielunterlage »Wohnhaus« und dazugehörige, ausgeschnittene Spielfiguren (siehe Seite 133)

Spielform 1:
Vor Spielbeginn wird mit den Kindern das Ordnungsprinzip des »Wohnhauses« geklärt: Im Erdgeschoss wohnen alle Mitglieder der Familie »F«, im ersten Stock alle der Familie »M«. Im ganz linken Balkonzimmer wohnen von jeder Familie diejenigen, die außer »F« oder »M« noch ein »a« im Namen haben (Fa und Ma); daneben die, die noch ein »e« im Namen haben (Fe und Me) ... usw.
Danach heißt es: Bringe alle Figuren in die richtigen Zimmer und versuche herauszubekommen, wie sie heißen!

Spielform 2:
Die Familien und ihre Tiere sind in ihren Zimmern. Es ist Morgen, und einer nach dem anderen verlässt das Haus. Der Spielleiter (anfangs der Lehrer, später eines der Kinder) denkt sich eine kleine Geschichte aus, wonach einer nach dem anderen geht (oder auch wieder zurückkehrt). Die Schüler handeln entsprechend der Erzählung mit den Spielfiguren.

Spielform 3:
Alle Spielfiguren sind außerhalb des Hauses. Der Spielleiter erzählt die Geschichte eines Abends, an dem die Mitglieder der Familien und ihre Tiere in ihre Zimmer zurückkehren. Die Schüler handeln wiederum nach der Erzählung mit den Spielfiguren und versuchen vermehrt, die Geschichte selbst weiterzuerzählen.

Spielform 4:
Hierfür werden zusätzlich Setzsteinchen aus einem Gesellschaftsspiel (oder Muggelsteine) für jeden Mitspieler gebraucht und ein Würfel.
Bevor das Spiel beginnt, wird der Hauseingang (Startpunkt) bestimmt (auch mehrere Eingänge sind möglich!), und es kann gewettet werden, welche Familie zuerst vollständig zu Hause sein wird. Dann würfeln die Mitspieler nacheinander, setzen ihr Setzsteinchen in das entsprechende Zimmer, rufen den Bewohner des Zimmers (z.B.: »Mi, komm nach Haus!«), bekommen ihn von den Mitspielern gereicht und legen ihn unter ihren Setzstein ins Zimmer.
Erreicht ein Mitspieler ein schon besetztes Zimmer, begrüßt er den Bewohner (z.B.: »Guten Tag, Mi!«) und gibt den Würfel an das nächste Kind weiter.
Die Setzsteinchen verlassen das Haus während des weiteren Spielverlaufs nicht mehr. Sie wandern – je nach gewürfelten Augen – immer rundherum durch alle Zimmer des Hauses.
Das Spiel ist beendet, wenn eine Familie mit ihren Tieren vollständig zu Hause ist. Gewonnen haben diejenigen, die zum Spielbeginn richtig gewettet haben.

Mi, komm nach Haus!

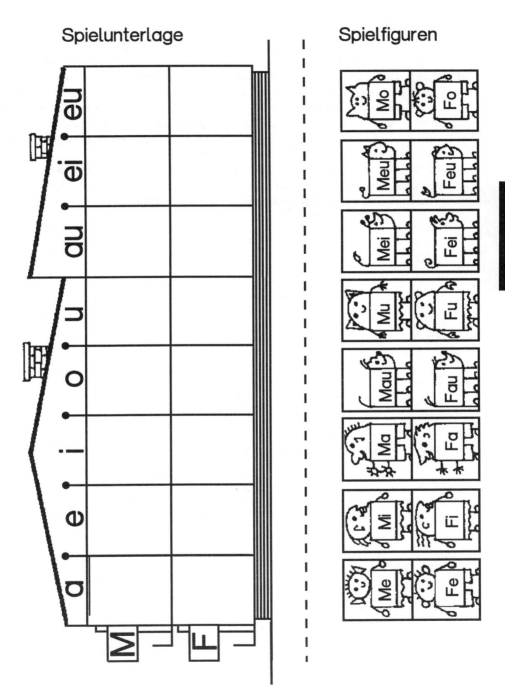

■ Silben sammeln

Material: Spielfeld und Spielkarten (siehe die Seiten 135 und 136), ein Setzsteinchen (Muggelstein o.Ä.) für jeden Mitspieler und ein Würfel

Die Spielkarten werden ungeordnet auf das Spielfeld gelegt. Die Mitspieler sitzen so, dass sie die Silben richtig herum sehen können: nebeneinander vor dem Spielfeld. Sie stellen ihre Setzsteinchen um das Spielfeld herum auf und signalisieren damit, an welcher Stelle sie einsteigen wollen. Der erste Mitspieler würfelt und setzt sein Setzsteinchen nach Augenzahl. Er darf vom Ausgangspunkt aus kreuz und quer durch alle angrenzenden Felder gehen. Am Endpunkt versucht er die dort liegende Silbe zu erlesen. Kann er es, darf er sie nehmen; wenn nicht, bleibt sie liegen. Der Würfel geht weiter an den Nächsten.

Wenn ein Setzsteinchen auf einem Feld steht, darf kein anderes dieses besetzen.

Das Spiel kann solange gespielt werden, bis alle Spielkarten eingesammelt worden sind. Gewonnen hat, wer am meisten Spielkarten in der Hand hat.

Silben sammeln

Spielfeld

Ebene 1

Silben sammeln Spielkarten

zei	wei	nei	lei	rei
zau	wau	nau	lau	rau
zu	wu	nu	lu	ru
zo	wo	no	lo	ro
zi	wi	ni	ti	ri
ze	we	ne	le	re
za	wa	na	la	ra

■ Quartett

Material: 40 Quartett-Karten (siehe Seiten 138-141)

Die Quartett-Karten werden an vier, fünf oder acht Mitspieler verteilt (bei drei oder sechs Mitspielern vorher ein Quartett aus den Spielkarten herausnehmen!). Es wird nach den üblichen Quartett-Regeln gespielt: Fehlende Karten werden von Mitspielern gezogen. Wer ein Quartett zusammen hat (vier gleiche Symbole), versucht das Wort zu legen. Jedes richtig gelegte Wort ergibt einen Punkt.

Variation: Fehlende Karten werden von den Mitspielern erfragt; z.B.: »Ich möchte von Daniel einen Esel« oder: »Ich möchte von Daniel das ›s‹ von ›Esel‹« oder: »Ich möchte von Daniel eine Karte vom Esel, wo der Buchstabe drauf ist, der wie ein Fleischerhaken aussieht« o.Ä.
Da diese Variation für den Leselernprozess weit ergiebiger ist, würde ich sie der oberen Quartett-Spielform vorziehen. Die Kinder spielen es gern und sprechen viel dabei.

■ »Robotersprache«

Material: Eine Hand- oder Fingerpuppe wie bei »Namen in Robotersprache« im Baukasten 1 (siehe Seite 49)

Die Kinder stellen der Handpuppe Fragen, und sie antwortet in ihrer Sprache. Die Schüler versuchen die Lautreihungen zu verstehen und in Worte umzuwandeln.
Robo kann auch kleine Aufträge an verschiedene Kinder stellen.
Wenn das Spiel bekannt ist, können Schüler die Sprechrolle der Puppe übernehmen.

Variation: »Robotersprache« und Lottospiel

Zusätzliches Material: ein Lotto-Spiel

Die Spielunterlagen werden wie gewohnt verteilt. Die Spielkarten bekommt Robo, der den Kindern in seiner Sprache versucht, verständlich zu machen, was er sieht (z.B.: »/b–a–l/« oder »/a–pf–ə–l/« oder »/b–l–u–m–ə/« o.Ä.). Die Spielkarte erhält, wer das Wort verstanden hat und das Bild auf seiner Unterlage sieht. Wer seine Spielunterlage zuerst gefüllt hat, hat gewonnen.

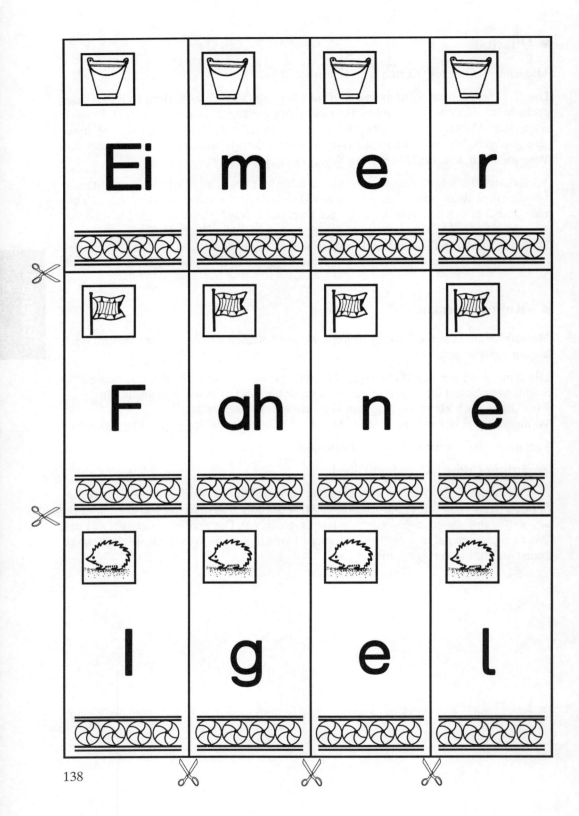

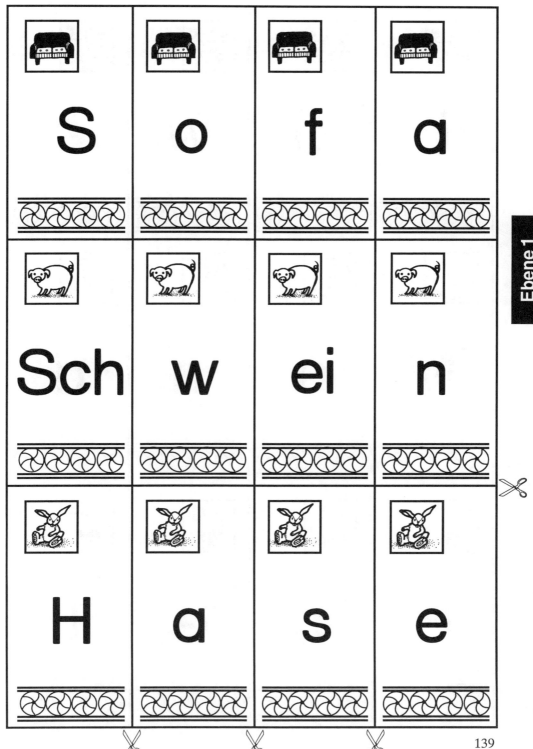

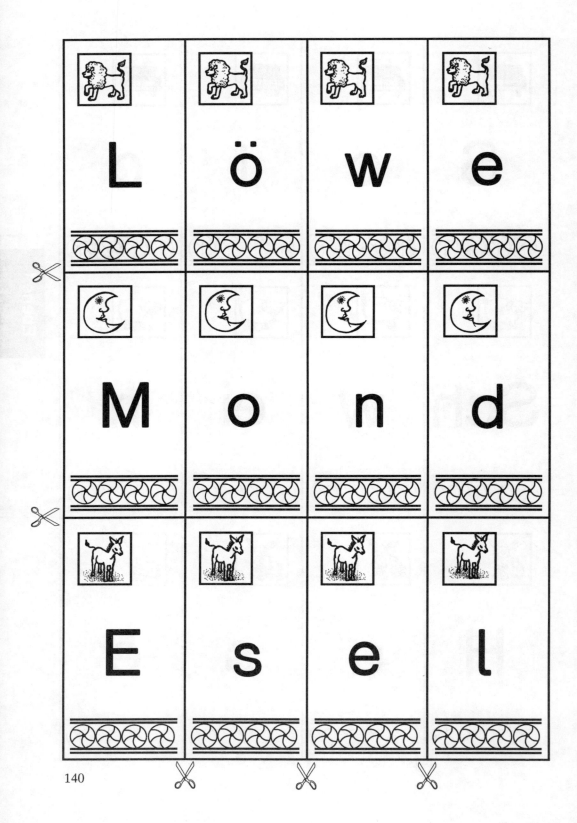

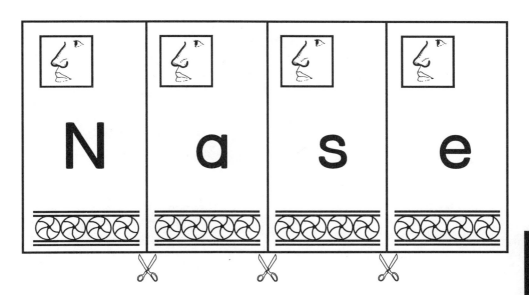

Ebene 2

Vom Wörterstrukturieren und -wiedererkennen zum Wörterlesen und -schreiben

Auf der Ebene 2 wird verstärkt auf die *Schriftzeichen des dritten Buchstabenschrankes (Buchstaben-Laut-Tabelle)* eingegangen. Außerdem wird die Tabelle um alle Buchstaben erweitert, die dort nicht verzeichnet worden sind und die den Schülern beim Wörterlesen auffallen (siehe Baukasten 6).

Das Wörterbuch (siehe Baukasten 7) ist das erste »Nachschlagewerk«, das die Kinder benutzen können. Es setzt die Fähigkeit des Erlesenkönnens noch nicht voraus, ermuntert aber dazu, sie zu erproben.

Die weiteren Baukästen der Ebene 2 widmen sich ausschließlich dem Erlesen und Schreiben. Dabei werden die Schüler *Besonderheiten der deutschen Rechtschreibung* kennen lernen (z.B. Konsonantendoppelung oder Vokaldehnung). Erklären Sie den Kindern die Lautierung, ermuntern Sie die Schüler zu weiteren Entdeckungen und lassen Sie sie die neuen »Zweier« und »Dreier« (zwei- und dreigliedrige Buchstaben) markieren, bevor mit dem Erlesen begonnen wird. (Informieren Sie sich selbst, indem Sie im Baukasten 11 die Erklärungen zu der Übung »Vergleichen und Durchgliedern« [Seite 217] durchlesen.)

Die Schriftart auf der Ebene 2 ist weiterhin Gemischtantiqua, aber entscheiden Sie für sich schon jetzt, welche Schreibschrift Sie Ihren Schülern später auf der Ebene 3 vermitteln wollen (informieren Sie sich dafür in Baukasten 12, Seite 228), und überlegen Sie, ob Ihre Schüler *Vorübungen zur Schreibschrift* benötigen (z.B., wenn sie bisher noch keinerlei Erfahrungen mit einer Schreibschrift machen konnten). Wenn ja, stellen Sie einen zusätzlichen Baukasten auf diese Ebene und legen Sie dort einen Schreibschriftvorkurs mit Vorschlägen zum Einüben von Schreibschriftschwüngen hinein.*

---

* Zum Beispiel: Claire Wallrafen: Spielend schreiben lernen – der Schreibvorkurs, Düsseldorf 1983.

Baukasten 6
Buchstaben-Laut-Zuordnung einprägen (Teil 2)

■ **Die Buchstabenschränke**

Material: Buchstaben-Laut-Tabelle: die Buchstabenschränke (Druckschrift), die auf der Ebene 1 (Baukasten 2) schon ausgeteilt worden sind (siehe Seite 55)

Gezielte Wiederholungen:

Der Umgang mit der Buchstaben-Laut-Tabelle ist den Schülern inzwischen im Prinzip bekannt. Sie sind auf der Ebene 2 mit dem größten Teil der Schriftzeichen schon handelnd umgegangen, aber der Schwerpunkt lag bisher auf den Buchstaben des linken und des mittleren Buchstabenschrankes. Wiederholen Sie mit den Kindern folgende Übungen aus Baukasten 2, indem Sie jetzt den Schwerpunkt auf die Schriftzeichen des rechten Buchstabenschrankes legen:

- Das Plättchenspiel (siehe Seite 57),
- Buchstaben finden (siehe Seite 58),
- Ich sehe etwas! (siehe Seite 59),
- Bilder zuordnen (nur Schrank 3) (siehe Seite 59),
- Buchstaben zuordnen (nur Schrank 3) (siehe Seite 59).

Die ersten sechs Fächer des rechten Buchstabenschrankes sind mit Schriftzeichen gefüllt, die nicht dehnbar gesprochen werden können (Explosivlaute). Das erschwert die Synthese, wenn diese Zeichen im Anlaut stehen. Wiederholen Sie deswegen mit Ihren Schülern auch das eine oder andere Synthesespiel mit diesen Schriftzeichen (und Vokalen). Zum Beispiel:

- Silben hüpfen (siehe Seite 128),
- Der Kran (siehe Seite 129),
- Der Fahrstuhl (siehe Seite 129),
- Die Lok (siehe Seite 131),
- Silben würfeln (siehe Seite 131).

■ Die Unterscheidung ähnlich klingender Laute

Die akustischen Unterscheidungen von D-T, B-P und K-G sind für einige Kinder nicht ganz einfach. Für sie sind die folgenden drei Übungen gedacht:

☐ Bilder und Buchstaben

Material: Abbildungen mit den Anfangsbuchstaben D und T (B und P, K und G) und die Buchstabenkärtchen D und T

Die Kinder benennen die Abbildungen deutlich und ordnen sie den Buchstaben zu.

☐ Wörterschlangen

Material: Einige kleine Gegenstände oder Abbildungen von Gegenständen, Blumen, Tieren o. Ä. mit dem Anlaut D (oder B oder G); eine größere Buchstabenkarte mit dem entsprechenden Buchstaben, an der ein langes, festes Band angebracht worden ist.

Die Wörterschlangen werden wie die Namenschlangen im Baukasten 1 (siehe Seite 49) hergestellt. Die Schüler ordnen zunächst nur die Gegenstände und Abbildungen zu, die von der Lehrkraft mitgebracht worden sind (Beschriftungen nicht vergessen!) und vervollständigen die Sammlungen im Laufe der nächsten Zeit mit eigenen Mitbringseln.

☐ Unterscheidung mit dem Wattebällchen

Material: Ein kleines Wattebällchen, Abbildungen mit den Anlauten B/P (D/T oder G/K), Buchstabenkarten in gleicher Größe mit B und P (D und T; G und K) in gleicher Anzahl

Buchstaben- und Bildkarten werden gemischt und verdeckt als Stapel auf den Tisch gelegt. Die Kinder decken jeweils eine Karte auf, benennen die Abbildung und den Anlaut des Wortes (oder den Buchstaben), indem sie die zu unterscheidenden Laute gegen das kleine Wattebällchen sprechen, das vor ihnen auf dem Tisch liegt. Es bewegt sich – je nach Stärke des Luftstroms – mehr oder weniger weit.

■ Die optische Unterscheidung von b und d

Einige Kinder haben Schwierigkeiten bei der Unterscheidung der Schreibweisen von b und d. Helfen Sie ihnen, indem Sie auf die rechte Seite der Schülertische die kleine Abbildung des Baumes (mit durchsichtiger Folie über-)kleben und erklären Sie den Schülern die Bedeutung: Der Bauch des b zeigt stets in die Richtung des Baumes. (Die Schreibweise des d erklärt sich dann von selbst.)

Variationen:
– Haben Sie einen Baumstempel? Dann stempeln Sie einen Baum auf den rechten Handrücken der Kinder (wenn diese es mögen!).
– Malen Sie mit Nagellack einen stilisierten Minibaum auf den rechten Daumennagel der Kinder (wenn diese es mögen!).

■ Zusätzliche Buchstaben

Mit zunehmender Schrifterfahrung wird den Schülern auffallen, dass einige Buchstaben in den »Buchstabenschränken« fehlen. Die Wichtigsten sind das **St, st, Sp, sp, ß** und **Äu, äu**. Aber auch **ie, en, el, er** wären darin ganz gut aufgehoben.

Es sind noch zwei Schubladen im dritten Schrank frei. Ob Sie diese von Ihren Schülern so unterteilen lassen, dass acht Plätze für zusätzliche Schriftzeichen frei werden (die nach und nach eingetragen werden), oder ob Sie nur noch dem Sp, sp und dem St, st Platz geben wollen (mit den Abbildungen »Stuhl« und »Spiegel«?), bleibt Ihnen überlassen. Wenn Sie sich für das Letztere entscheiden, können Sie z.B. ß und Äu, äu an den Rand schreiben lassen.

Baukasten 7
Das Wörterbuch*

■ Übungsvorschläge zum Wörterbuch

Material: Das Wörterbuch, bestehend aus 16 Seiten (siehe die Seiten 149 bis 156)

Die ersten 14 Seiten werden für jedes Kind kopiert und – mit Deckblättern versehen – zu einem kleinen Buch zusammengeheftet.
Auf jeder Seite befinden sich vier bis sechs Wörter und dazugehörige Abbildungen. Sie sind nach Sachzusammenhängen geordnet, z.B.: Zootiere, Haustiere, ... Esswaren, Möbel u.Ä., sodass die Schüler sich nach kurzer Zeit darin zurechtfinden können.
Die Seiten 15 und 16 sind als Zusatz oder Anhang gedacht. Auf Seite 15 sind acht Farben zu lesen, die häufig benutzt werden. Die dazugehörigen Felder enthalten Abbildungen, die die Farben assoziieren lassen. Sie können von den Kindern zusätzlich angemalt werden. Seite 16 listet häufig gebrauchte Verben auf mit entsprechenden Abbildungen. Diese beiden letzten Seiten können bei Bedarf nachgereicht werden. Sie lassen sich z.B. vorn und hinten auf die Innenseiten der Deckblätter kleben.
Das Wörterbuch reizt zu Leseübungen und gibt den Kindern nach kurzer Zeit die Möglichkeit, sich selbstständig über die Schreibweise der verschiedenen Wörter zu informieren und Ähnlichkeiten und Auffälligkeiten in der Schriftsprache zu erkennen. Es ist außerdem Grundlage oder Hilfe für verschiedene Übungen und Spiele.
Im Folgenden finden Sie Übungsvorschläge, die den Kindern helfen, sich mit dem Buch vertraut zu machen.

□ Mündliche Lösungen

– Suche die Seite mit den Zootieren (den Werkzeugen, dem Obst, den Fahrzeugen ... usw.)!
– Schlage die Seite 2 (4, 5, ... usw.) auf! Was siehst du? Was ist das alles zusammen? (Oberbegriffe bilden)
– Suche ein Werkzeug (Tier, Fahrzeug ... usw.), das schneiden (fliegen, schwimmen ... usw.) kann!
– Möglichkeiten der Mehrfachlösung: Suche ein Tier, das vier Beine hat (Obst, das gelb ist; ein Möbelstück, auf dem du sitzen kannst ... usw.)!
– Schlage die Seite 9, 13, 3 ... usw. auf!

---

* Das Wörterbuch ist entwickelt worden nach der Idee von D. Arp und I. Wolf-Weber in »Schreiben, Lesen, Selbertun«, Hamburg 1988.

- Auf welcher Seite findest du die Haustiere (die Möbel, das Obst ... usw.)?
- Suche die Seite mit den Fahrzeugen (den Tieren in Wald und Feld; dem Obst ... usw.)! Welche Fahrzeuge (welche Tiere, welches Obst ... usw.) siehst du? Schau dir die Bilder und die dazugehörigen Wörter genau an! Decke die Abbildungen ab und versuche die Wörter zu lesen!
- Suche ein Wort mit »A«, »W«, »e« ... usw.!
- Suche ein Wort mit »e«, »en«, »er«, »el« am Ende!
- Suche ein ganz kurzes (langes) Wort!
- Suche ein Wort mit einer Silbe (zwei, drei Silben)!

☐ **Schriftliche Lösungen**

- Eine Bilderleiste (Material dazu siehe Seite 157) soll beschriftet werden: Suche das Bild im Wörterbuch und schreibe das dazugehörige Wort *genau* ab!
- Welche Wörter beginnen mit »B«, »E«, »Ei« ... usw.? Schreibe sie auf!
- Welche Wörter enden mit »e«, »el«, »er«, »en«? Schreibe sie auf!
- Schreibe ein-(zwei-, drei-)silbige Wörter ab!
- Schreibe Wörter mit doppelten Buchstaben!
- Schreibe Wörter mit »sch«!
- Schreibe auf, was vier Räder hat!
- Schreibe auf, was vier Beine hat!
- Schreibe auf, wer Flügel hat!
- Schreibe auf, wer ein Fell hat!
- Schreibe Zootiere (Werkzeuge, Fahrzeuge, Körperteile ... usw.) auf!
- Schreibe auf, was du kaufen kannst!
- Schreibe auf, was du tragen kannst!
- Schreibe auf, was wachsen kann (was am Baum wächst)!
- Schreibe auf, wer beißen kann!
- Zu welchem Wort passt der Begleiter »der« (die, das)?
- Was ist braun (rot, grün ... usw.)? Mache aus deinen Lösungswörtern Sätze! Zum Beispiel:
  Der Affe ist braun.
  Das Eichhörnchen ist braun.
  Der Kuchen ist braun.
  Die Wurst ist braun.
  Sieh die Schreibweise der Farben auf Seite 15 nach!
- Sieh die Verben auf Seite 16 an! Schreibe auf, wer laufen (stehen, sitzen) kann! Mache aus deinen Lösungswörtern Sätze! Zum Beispiel:
  Der Elefant kann stehen.
  Der Esel kann stehen.
  Der Löwe kann stehen ... usw.

Das Wörterbuch

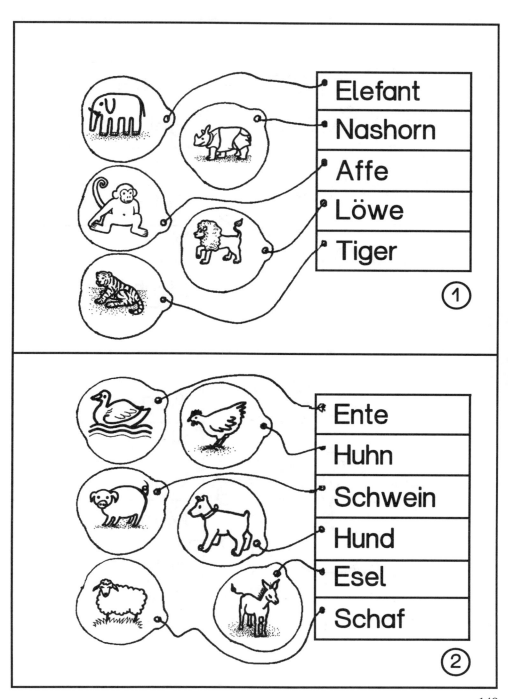

Das Wörterbuch

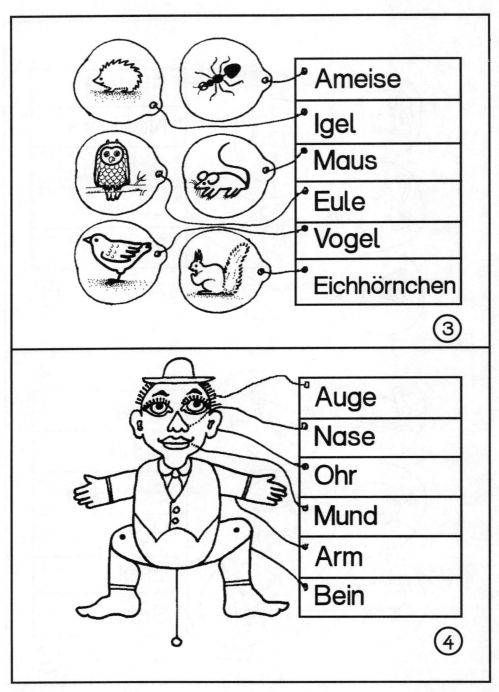

Das Wörterbuch

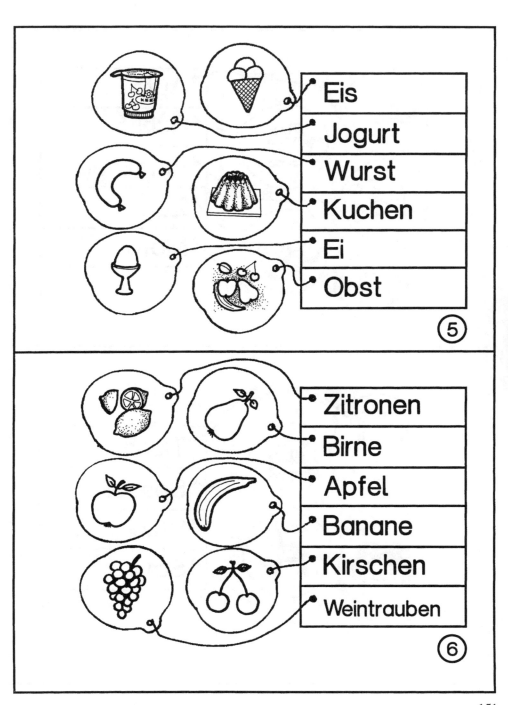

Das Wörterbuch

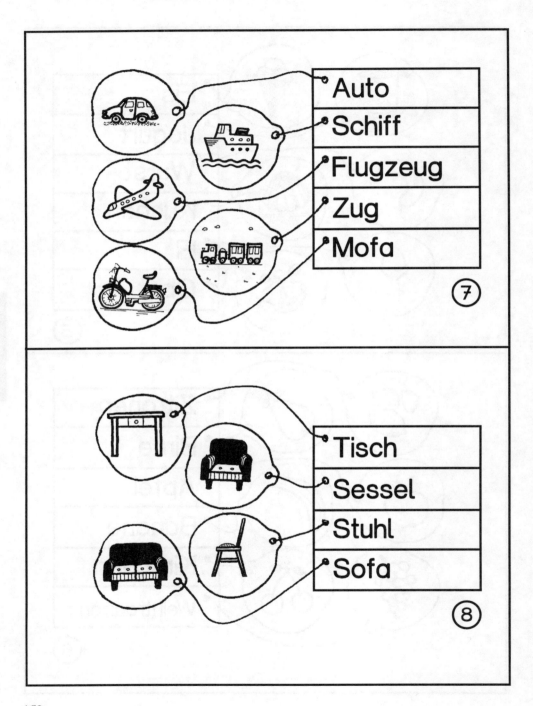

Das Wörterbuch

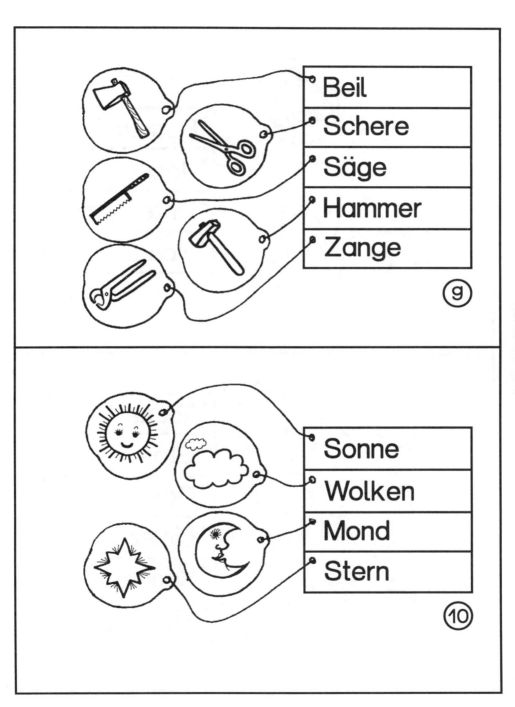

Das Wörterbuch

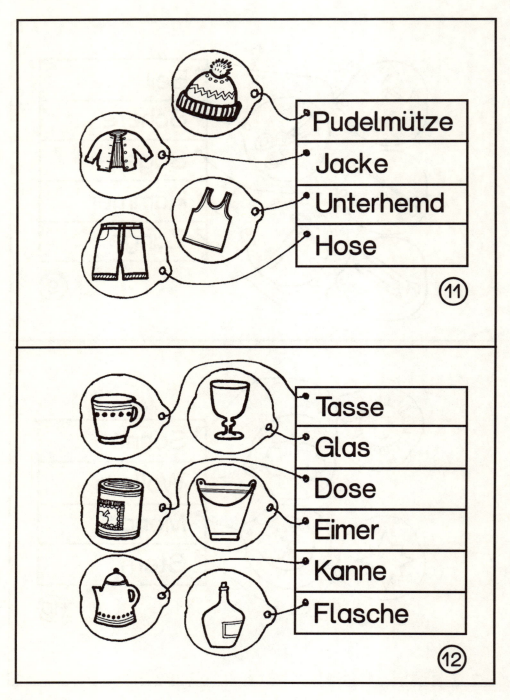

Das Wörterbuch

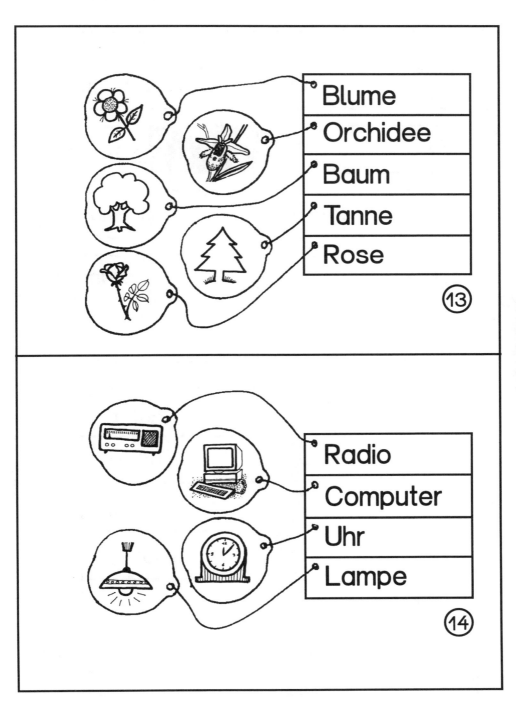

Das Wörterbuch

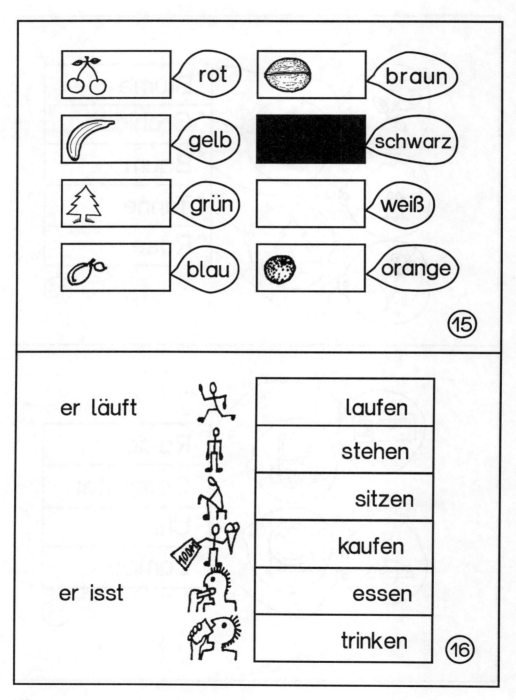

Bilderleisten

Baukasten 8
Von der Silbe zum Wort

■ Silbenrätsel 1

Material: Silbenrätsel 1 (siehe Seite 159)

Jeder Schüler bekommt ein Rätsel, benennt die Abbildungen, liest die Silben unter den Bildern, schneidet sie aus, setzt sie zu den gesuchten Wörtern zusammen und klebt sie unter die jeweiligen Abbildungen.
Danach können die Bilder angemalt werden.

■ Silbenrätsel 2

Material: Silbenrätsel 2 (siehe Seite 160)

Bearbeitung wie Silbenrätsel 1.

■ Silbenpuzzle

Material: Silbenpuzzle (siehe Seite 161)

Jedes Kind bekommt die auseinandergeschnittenen Silbenpuzzle-Karten (in einem Umschlag?) und versucht, die richtigen Teile zusammenzusetzen. Dabei hat es drei Such- und Kontrollkriterien: Die kleinen Abbildungen müssen zusammenpassen, die Wörter müssen den Bildern entsprechen und jeweils zwei Teile müssen an der Schnittlinie so zusammenpassen, dass ein Rechteck entsteht.

■ Wörterpuzzle

Material: Wörterpuzzle (siehe Seite 162)

Die Kinder schneiden die Puzzleteile auseinander und setzen jeweils drei zu einem Bild und Wort zusammen. Fehlende Buchstaben werden eingetragen.

Silbenrätsel 1

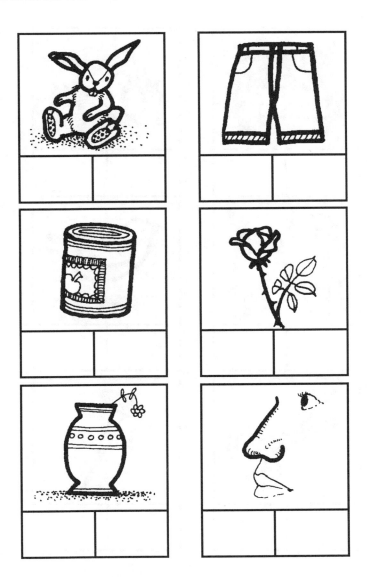

Do	Ha	Ho	Na	Ro	Va
se	se	se	se	se	se

Silbenrätsel 2

Silbenpuzzle

Blu	men	Bir	nen
Fla	schen	Ham	mer
Kir	schen	Ker	zen
Lam	pen	Pin	sel
Rin	ge	Wol	ken

Ebene 2

Wörterpuzzle

■ Wörter würfeln

Material: Vier Würfel mit Klebeetiketten.

Auf einem Würfel stehen die Silben:
  Ha
  Hau
  kau
  lau
  ru
  Rei

Auf den nächsten Würfel schreiben Sie:
  lei
  Mei
  Lo
  Rei
  Pau
  Do

Auf dem dritten Würfel stehen:
  I
  Rie
  Vo
  Re
  Na
  Ha

Der letzte Würfel wird mit rotem Stift beschriftet mit den Silben:
  se
  se
  fen
  fen
  gel
  gel

Der rot beschriftete Würfel trägt die Endsilben und wird in der rechten Hand gehalten. Die drei anderen Würfel liegen in der linken Hand des Spielers. Er würfelt mit beiden Händen gleichzeitig. Danach schiebt er die rote Endsilbe hintereinander rechts an die anderen Würfeletiketten und erliest die Schrift beider Würfel. Ergibt sich ein sinnvolles Wort, bekommt er einen Punkt.

Variation: Sinnvolle Wörter werden aufgeschrieben und am Schluss gezählt.

Ebene 2

Baukasten
Wortlesetraining

Denken Sie daran: Die Kennzeichnung von Zweiern und Dreiern (zwei- und dreigliedrigen Buchstaben) erleichtert den Kindern das Erlesen. Lassen Sie sie vor dem Lesen von den Kindern suchen und markieren, wenn das Spiel/die Übung es erlaubt!

■ Der Lesebus

Material: Lesebus (siehe Seite 165) und verschiedene Lesekarten (siehe die Seiten 166 bis 169)

Den Bus auf Karton kopieren, ausschneiden und anmalen lassen. Die gestrichelten Linien einschneiden (das macht am besten die Lehrkraft mit einem Schneidemesser!). Lesekarten kopieren, schneiden und durch die Schnittlinien des Busses ziehen (siehe Beispiel-Zeichnung auf Seite 165). Die oberste und die unterste Reihe wegknicken. Sie dienen als Stopp.
Die Kinder lesen sich partnerweise im Wechsel die Wörter der jeweiligen Lesekarte vor, die im »Sichtfenster« erscheinen. Sie helfen und kontrollieren sich dabei gegenseitig und versuchen, durch mehrfache Wiederholungen zum flüssigen Vorlesen zu kommen.

Die Lesekarten sind nach folgenden Merkmalen geordnet:

1. Einfache, annähernd lautgetreue Wörter,
2. Etwas schwierigere, aber noch annähernd lautgetreue Wörter,
3. Wörter mit »–el« am Ende,
4. Wörter mit Doppelkonsonanten,
5. Wörter mit Konsonantenhäufungen,
6. Wörter mit »–er« am Ende,
7. Wörter mit »–en« am Ende und Wörter mit der Konsonantenzusammensetzung »ng«.

Der Lesebus

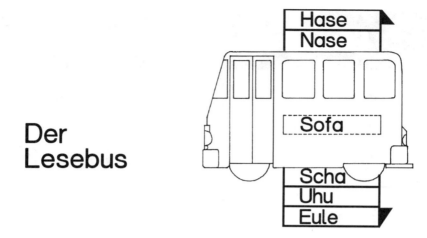
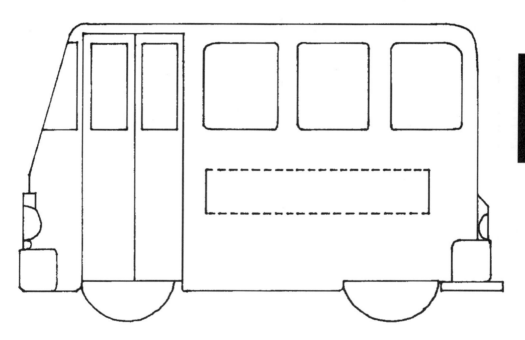

Karte 1	Karte 2
Nase	Dose
Vase	Dusche
Hase	Auto
Hose	Auge
Rose	Bein
Mofa	Beil
Sofa	Baum
Seife	Tisch
Schere	Elefant
Eule	Telefon

Karte 3	Karte 4
Apfel	Ball
Ampel	Kamm
Nagel	Schiff
Nadel	Tasse
Gabel	Tanne
Vogel	Kanne
Insel	Sonne
Pinsel	Puppe
Esel	Sessel
Igel	Löffel

Ebene 2

Karte 5	Karte 6
drei	Tiger
Brot	Eimer
Glas	Leiter
Schwein	Messer
Pfeil	Feder
Pfeife	Hammer
Flasche	Teller
Blume	Indianer
Lampe	Ordner
Birne	

Karte 7	Karte 8
Kuchen	Huhn
Wellen	Uhr
Wolken	Ohr
Kirschen	Spinne
Zitronen	Spiegel
Drachen	Stern
Ring	Stuhl
Junge	Storch
Zange	Qualle
Engel	Quast

Ebene 2

■ Wort-Bild-Zuordnung 1

Material: Arbeitsblatt 1 (siehe Seite 171)

Die bebilderten Luftballons sollen mit den richtigen Wortkarten verbunden werden.
Danach werden die Wörter »ein« oder »eine« vor die Wörter geschrieben.
Am Ende können die Bilder angemalt werden.

■ Wort-Bild-Zuordnung 2

Material: Arbeitsblatt 2 (siehe Seite 172)

Bearbeitung wie bei Arbeitsblatt 1 mit dem Unterschied, dass die Artikel »der«, »die« oder »das« zugeordnet werden sollen.

■ Wort-Bild-Zuordnung 3

Material: Arbeitsblatt 3 (siehe Seite 173)

Bearbeitung wie bei Arbeitsblatt 2.

Wort-Bild-Zuordnung   Blatt 1
ein? eine?

___ Fisch
___ Haus
___ Maus
___ Schaf
___ Eis
___ Uhu
___ Chinese
___ Ameise
___ Zaun
___ Ananas

Ebene 2

Wort-Bild-Zuordnung

Blatt 2

der? die? das?

___ Rakete
___ Radio
___ Hund
___ Hand
___ Tomate
___ Telefon
___ Apfel
___ Ampel
___ Herz
___ Schirm

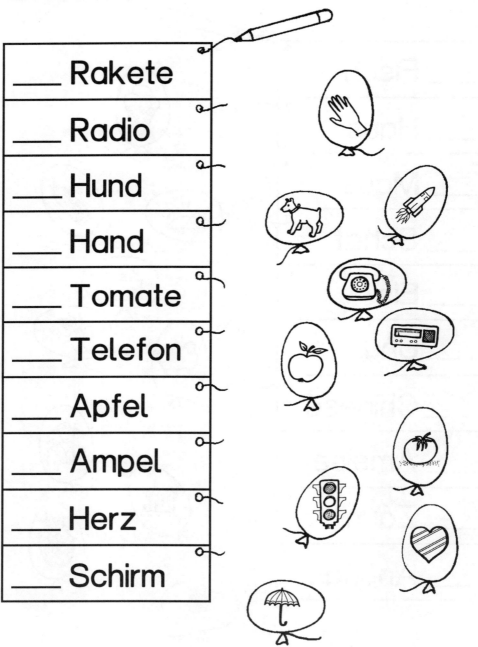

Wort-Bild-Zuordnung

der? die? das?

Blatt 3

| ___ Ohr |
| ___ Obst |
| ___ Löwe |
| ___ Löffel |
| ___ Pinsel |
| ___ Puppe |
| ___ Pilz |
| ___ Kuchen |
| ___ Kirche |
| ___ Kirschen |

Ebene 2

■ Die Wörterschlange 1

Material: Wörterschlange 1 (siehe Seite 175)

Die einzelnen Wörter der Wörterschlange sollen erkannt und durch Striche voneinander getrennt werden. Die Abbildungen geben Hilfestellungen.
Anschließend werden die Wörter in der Schrift Gemischtantiqua aufgeschrieben.

■ Die Wörterschlange 2

Material: Wörterschlange 2 (siehe Seite 176)

Auch diese Wörterschlange setzt sich aus mehreren Wörtern zusammen, nur dass diesmal der letzte Buchstabe des vorangegangenen Wortes gleichzeitig der Anfangsbuchstabe des folgenden Wortes ist. Dieser letzte bzw. erste Buchstabe soll farbig übermalt werden. Die vollständigen Wörter werden aufgeschrieben (Schrift: Gemischtantiqua). Auch hierbei geben die Abbildungen Hilfestellungen.

Wörterschlange 1

Ebene 2

Wörterschlange 2

■ Der Spaziergang

(zwei bis vier Mitspieler)

Material: Spielplan des Spiels (siehe Seite 178 und 179), dazugehörige Wortkarten (siehe die Seiten 180, 181 und 182), Setzfiguren für jeden Mitspieler, Würfel

Von der linken Spielplanhälfte den rechten Rand abschneiden. Beide Planhälften passgenau zusammenkleben. Anmalen der Abbildungen und weiteres Bemalen der Spielfläche sind wünschenswert.
Wortkarten mischen und verdeckt auf den Tisch legen. Die Spieler bringen ihre Setzfiguren (= Spaziergänger) an den Start, würfeln und setzen nach Augenzahl. Erreichen sie ein schwarzes Feld, wird der Spaziergänger aufgehalten. Der Spieler muss eine Wortkarte nehmen und das Wort lesen. Gelingt es, kann der Spaziergänger noch ein Feld vorrücken. Wird beim Lesen Hilfe gebraucht, bleibt die Setzfigur auf dem erwürfelten Feld stehen.
Gelesene Wortkarten werden wieder unter den Stapel geschoben.
Gewonnen hat, wer als Erster das Ziel erreicht.

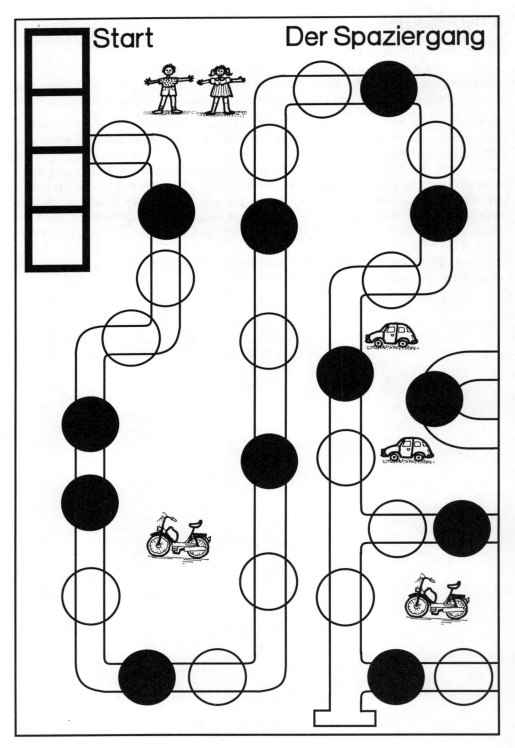

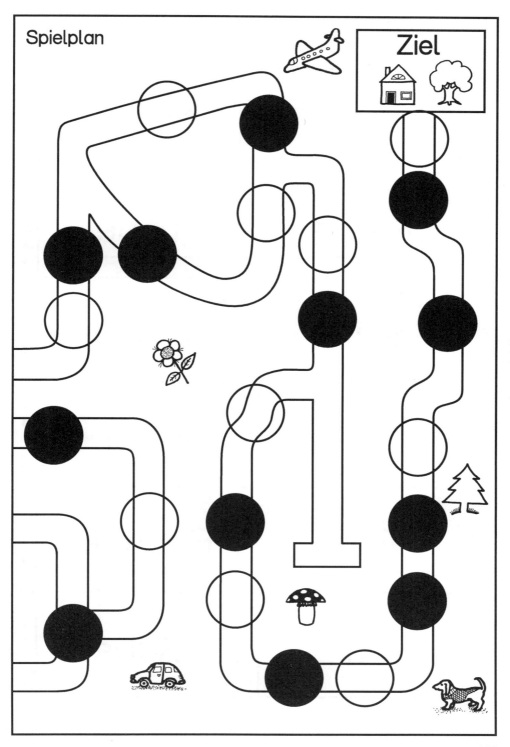

Der Spaziergang — Wortkarten

Pilz	Ampel
Kerze	Puppe
Seife	Ananas
Auge	Buch
Beil	Banane
elf	Gabel

Der Spaziergang — Wortkarten

Kamm	Kanne
Kuchen	Pfeil
Messer	Ameise
Quast	Quadrat
Storch	Stern
Zitronen	Jacke

Ebene 2

Der Spaziergang   Wortkarten

Rad	Teller
Dusche	eins
Brot	drei
Glas	Fahne
Hand	Herz
Hammer	Kirche

■ Memory

Material: 20 Bildkarten (siehe die Seiten 184 und 185) und 20 Bild-Wortkarten (siehe die Seiten 185 bis 189)

Die ausgeschnittenen Bildkarten liegen umgedreht auf dem Tisch (Abbildung nach unten!). Daneben werden die Bild-Wortkarten so gelegt, dass die Wörter sichtbar sind. Der erste Spieler dreht eine Bildkarte um und sucht das dazugehörige Wort. Wenn er meint, es gefunden zu haben, schaut er nach, ob die Abbildung auf der Rückseite der Bild-Wortkarte mit dem aufgedeckten Bild übereinstimmt. Wenn ja, darf er beide Karten behalten und weiterspielen. Wenn nicht, verdeckt er beide Abbildungen wieder und der nächste Mitspieler ist an der Reihe.
Gewonnen hat, wer am Schluss die meisten Karten in der Hand hält.

Variation: Memory mit Bild- und Bild-Wortkarten (wie oben!) und zusätzlichen Wortkarten mit neuartigen Druckschrifttypen (siehe Seite 189)

Bildkarten werden verdeckt, Wortkarten offen (Schrift nach oben!) auf den Tisch gelegt. Bild-Wortkarten liegen daneben: ebenfalls mit der Schrift nach oben. Wie beim obigen Spiel wird mit dem Aufdecken der Bildkarte begonnen, der eine Bild-Wortkarte zugeordnet werden soll. Ist das gelungen, wird zusätzlich die dazugehörige Wortkarte gesucht. Wer die richtigen Karten hat, darf sie behalten und weiterspielen. Unterläuft dem Spieler ein Fehler, werden die Karten wieder umgedreht und der nächste Mitspieler darf weitermachen.

Memory   Bildkarten

Memory

Bildkarten

Bild-Wortkarten
(Rückseite beachten)

Ebene 2

Memory

Bild-Wortkarten
Rückseite

Vogel

Insel

Tanne

Kamm

Memory

Bild-Wortkarten
(Rückseite beachten)

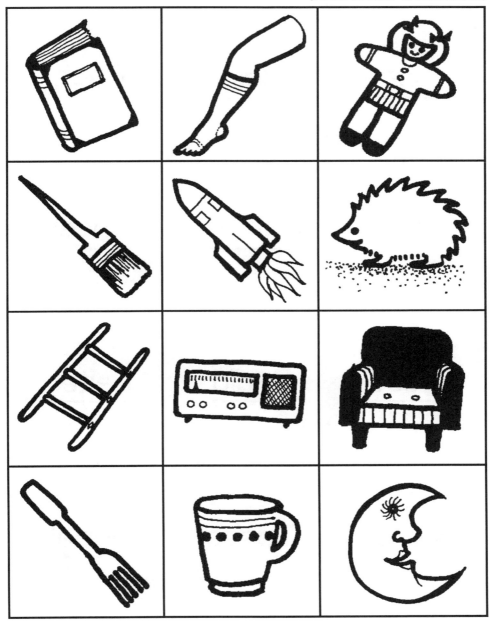

Memory

**Bild-Wortkarten
Rückseite**

Puppe	Bein	Buch
Igel	Rakete	Pinsel
Sessel	Radio	Leiter
Mond	Tasse	Gabel

Memory

Bild-Wortkarten   Wortkarten

	Vogel	**Puppe**
	Insel	**Igel**
	Tanne	**Sessel**
	Kamm	**Mond**
	Buch	**Nadel**
	Pinsel	**Tomate**
	Leiter	**Messer**
	Gabel	**Wellen**
	Bein	
	Rakete	
	Radio	
	Tasse	

Ebene 2

Memory

Bild-Wortkarten
Rückseite

Nadel

Tomate

Messer

Wellen

■ Domino

(Kleingruppe ab vier Personen)

Material: Dominokarten mit Abbildungen und Wörtern (siehe die Seiten 192 und 193)

Dominokarten ausschneiden und mischen. Jeder Mitspieler erhält drei bis vier Karten. Die restlichen liegen verdeckt in der Mitte des Tisches. Die oberste Karte des Stapels wird aufgedeckt und der erste Spieler benennt Bild und Wort. Hat er eine Karte, die angelegt werden kann, so macht er das. Wenn nicht, nimmt er eine vom Stapel auf und der Nächste ist an der Reihe.
Gewonnen hat, wer zuerst alle Karten angelegt hat.

Domino-Spielkarten

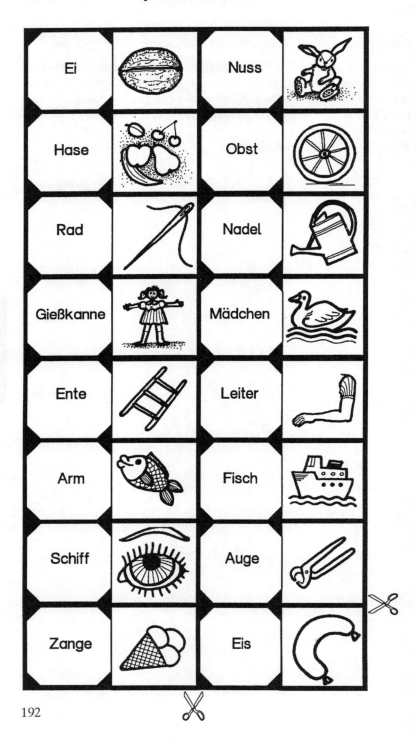

Domino-Spielkarten

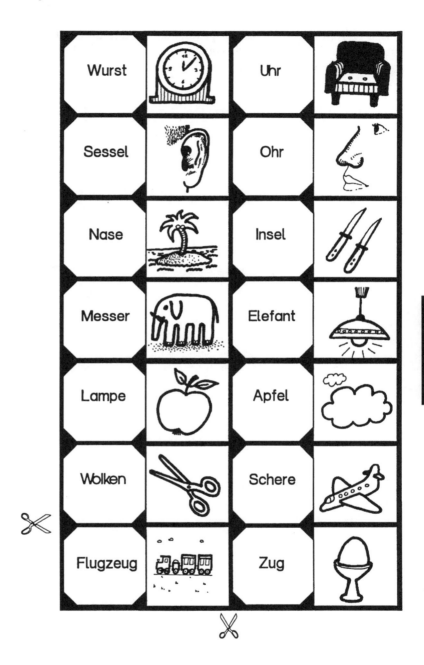

■ Das Verben-Puzzle

Material: Verben-Puzzle (siehe Seite 195)

Puzzle-Karten aus- und auf der gestrichelten Linie durchschneiden. Jedes Kind bekommt einen Satz Puzzle-Teile (in einem Umschlag?) und versucht, das richtige Verb an das jeweilige Bild zu legen.

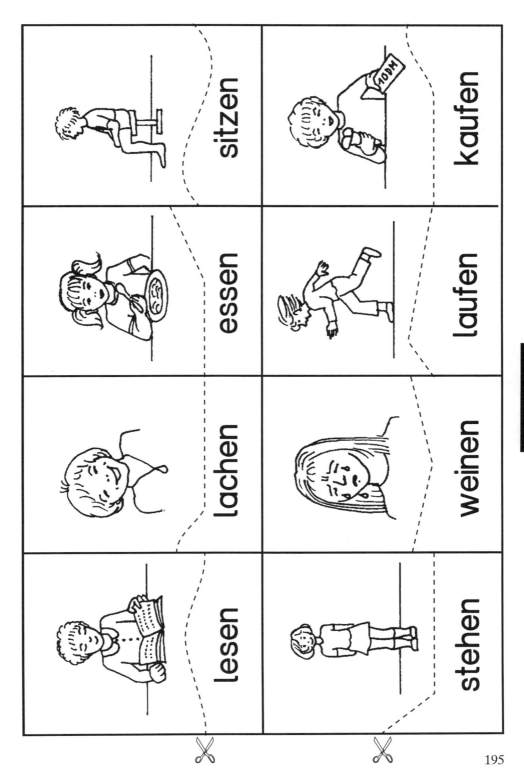

■ Wörter-Angeln

Material: Fische (siehe die Steiten 197 bis 202), ein Pappkarton in der Größe eines kleinen Aquariums, eine Angel (ein Stock, an dem an einem Band ein kleiner Magnet hängt)

Den Pappkarton von den Kindern bemalen lassen, die Fische ausschneiden, an der gestrichelten Linie knicken, mit einer Büroklammer versehen (siehe Abbildung!) und in den Karton legen.
Die Mitspieler sitzen um das »Aquarium« herum, angeln sich der Reihe nach einen Fisch und versuchen, das Wort zu erlesen. Das Ergebnis kann anhand der abgeknickten Abbildung kontrolliert werden, wenn die Büroklammer abgenommen wird. Haben sie richtig gelesen, dürfen sie den Fisch behalten. Wenn nicht, wird die Büroklammer wieder befestigt, und der Fisch kommt zurück ins »Aquarium«.

Gewonnen hat, wer am Schluß die meisten Fische besitzt.

Wörter-Angeln (Rückseite beachten)

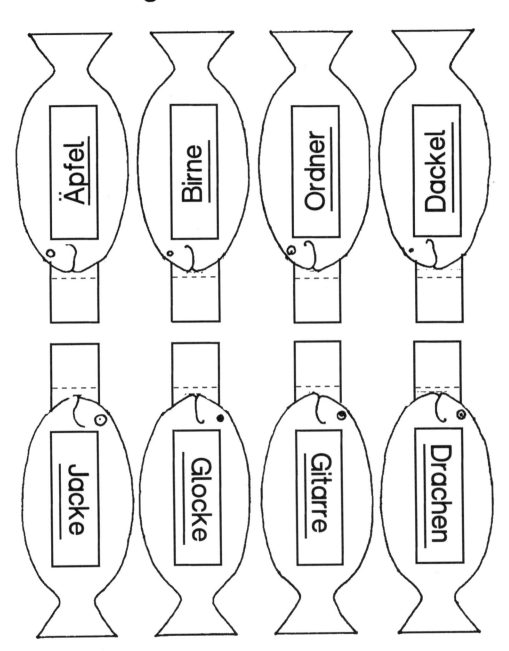

Ebene 2

Wörter-Angeln

Rückseite

Wörter-Angeln (Rückseite beachten)

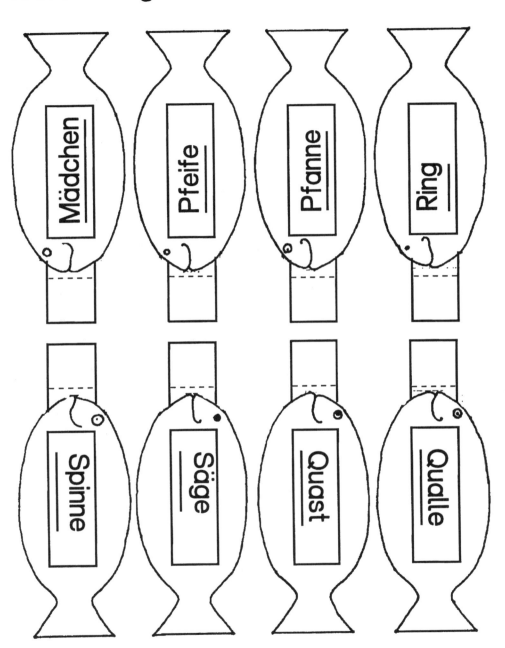

Ebene 2

Wörter-Angeln   Rückseite

Wörter-Angeln (Rückseite beachten)

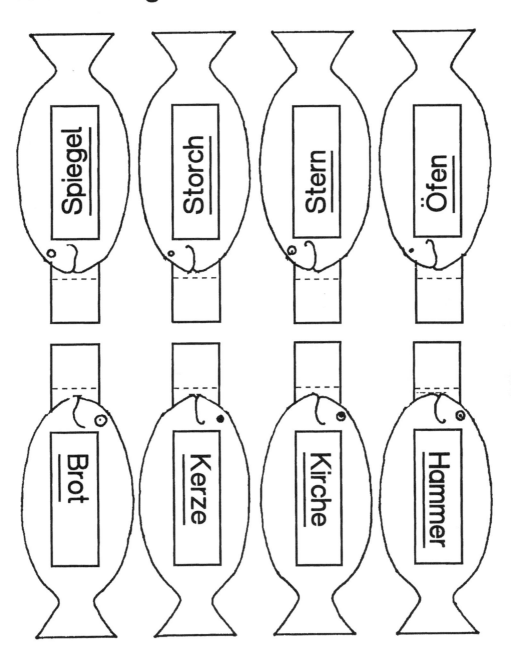

Ebene 2

Wörter-Angeln Rückseite

Zusätzlich zu verwendende, käufliche Arbeitsmittel

Wenn Sie mit den Materialien der Baukästen arbeiten, *müssen* Sie keine zusätzlichen Arbeitsmittel anschaffen, aber Sie *können* es, wenn Sie merken, dass Ihre Schüler noch etwas mehr »Lesefutter« mögen.

Die folgende Auflistung zeigt nur Beispiele auf und erhebt keinen Anspruch auf Vollständigkeit.

Wenn Sie für Ihre Schüler zusätzliche Arbeitsmittel kaufen wollen, schauen Sie sich vorher den Wortschatz der jeweiligen Übungsmöglichkeiten genau an und fragen Sie sich, ob er Ihren Kindern zusagt. Er ist von Beispiel zu Beispiel sehr unterschiedlich.

Fragen Sie vor dem Kauf in Ihrer Schule, ob das eine oder andere Material nicht vielleicht schon vorhanden ist!

1. Zum mini-LÜK-Arbeitsgerät (Kontrollplatte):
   - Erstes Lesen (Druckschrift)
   - Spaß mit Wörtern 1 (die Seiten 2 bis 13)
   - ABC des Wörterlesens 1 + 2
   - Leseübungen 1
   (Die mini-LÜK-Übungshefte sind im Westermann-Verlag, Braunschweig, erschienen)
2. Heinevetter Lesetrainer
   (Gerät mit Sofortkontrolle, erschienen beim Verlag Otto Heinevetter, Hamburg)
3. Heiner Müller: Leseblätter mit Selbstkontrolle (die Seiten 1 bis 16)
   (erschienen im Verlag Sigrid Persen, Horneburg/Niederelbe)
4. Darmstädter Freinetgruppe: Lesekartei (Die Seiten mit einzelnen Wörtern)
   (zu beziehen bei der Pädagogik-Kooperative, Bremen)
5. Günter Schleisiek: Lesetraining Bildwörter, die Hefte 1, 2 und 3 (Trainingshefte mit Selbstkontrolle) (siehe Verlag Cornelsen/Hirschgraben, Frankfurt)

Baukasten 10
Wörter schreiben

■ Ein Buchstabe verändert das Wort!

Material: Arbeitsblatt (siehe Seite 205)

Die Abbildungen benennen und die Wörter erlesen. Durch Veränderung jeweils eines Buchstabens das neue Wort erraten (die Abbildungen helfen!) und schreiben.

■ Das Bilderbuch zum Beschriften

Material: Bilderbuchseiten (siehe die Seiten 206 bis 208)

Bilderbuchseiten 1 bis 9 ausschneiden. Jede Seite zeigt drei Bilder, die beschriftet werden sollen.
Unter jeder Abbildung befinden sich eine Reihe von Kästchen. In jedes gehört ein Buchstabe. Die Kästchenbreite gibt einen Hinweis darauf, ob der Buchstabe ein-, zwei- oder dreigliedrig ist.
Die Schüler benennen die Abbildungen, sprechen die Wörter in »Robotersprache« (auflautieren), schreiben die benötigten Schriftzeichen sauber in die Kästchen und malen die Abbildungen an. Es empfiehlt sich, nicht mehr als eine Seite pro Tag zu bearbeiten.

Am Schluss werden alle Seiten (mit Deckblättern vorn und hinten!) zu einem kleinen Buch zusammengeheftet, aus dem vorgelesen werden kann.

Ein Buchstabe verändert das Wort!

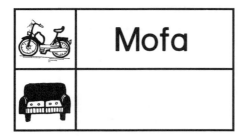

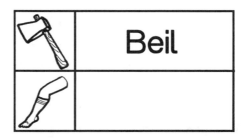

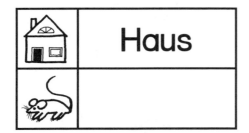

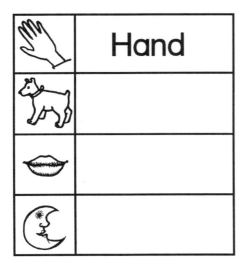

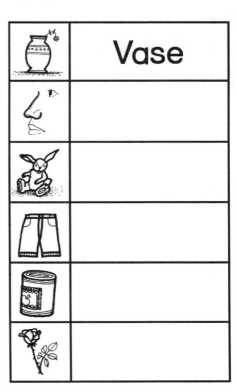

Das Bilderbuch zum Beschriften

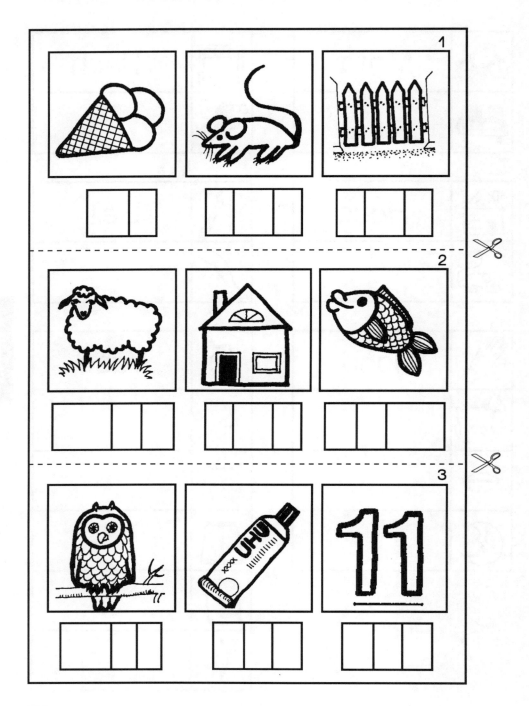

Das Bilderbuch zum Beschriften

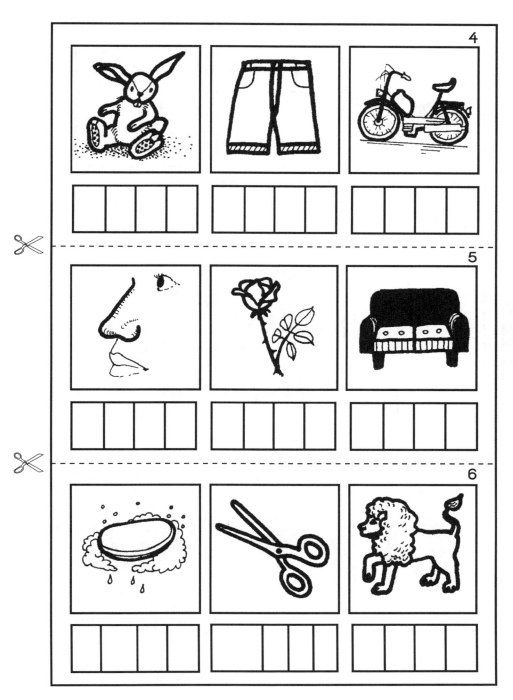

Ebene 2

Das Bilderbuch zum Beschriften

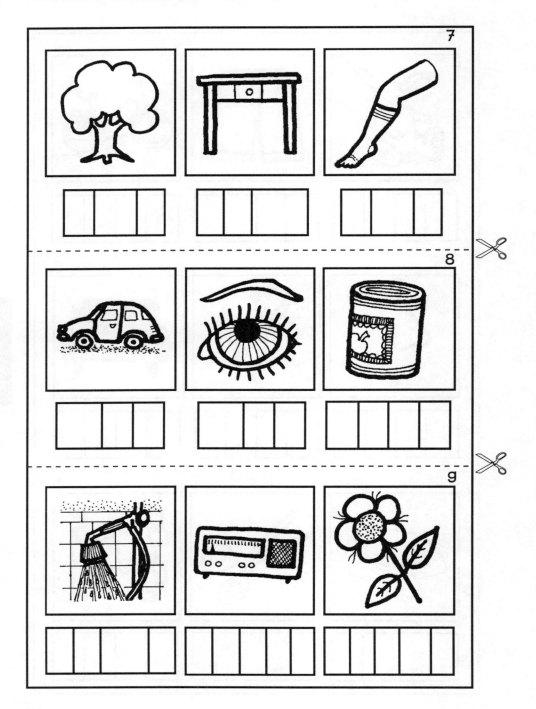

■ Kreuzworträtsel 1

Material: Kreuzworträtsel 1 (siehe Seite 210)

Kreuzworträtsel haben Besonderheiten, die erklärt und geübt werden müssen, bevor sie in die Hände der Kinder kommen:

1. Es wird nur mit großen Druckbuchstaben geschrieben;
2. Es wird waagerecht *und* senkrecht geschrieben;
3. Mehrgliedrige Buchstaben werden nicht in einem, sondern in mehreren Kästchen untergebracht.

Besitzen die Schüler das Wörterbuch (siehe Baukasten 7 ab Seite 147), können sie es als Hilfe benutzen. Deponieren Sie es in einiger Entfernung vom Tisch des Kindes, damit nur bei Schwierigkeiten oder Unsicherheiten nachgesehen wird und die Wörter nicht einfach abgeschrieben werden.

Variation: Kreuzworträtsel 2

Material: Kreuzworträtsel 2 (siehe Seite 211)

Bearbeitung wie oben!

Kreuzworträtsel 1

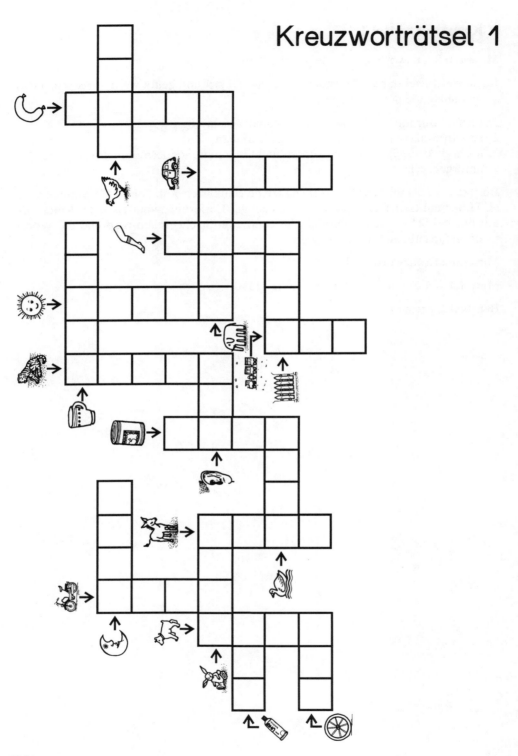

Kreuzworträtsel 2

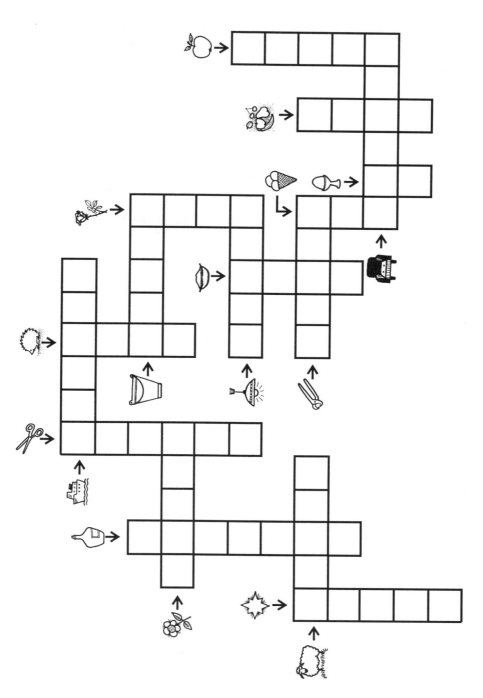

■ Eigene Bilder be-/verschriften

Material: Zeichenpapier und Stifte

Wenn Kinder dazu angeregt werden, die eigenen Zeichnungen zusätzlich mit Schrift zu versehen, machen sie davon in der Regel gern Gebrauch. Zum einen gelingt ihnen die bildnerische Darstellung nicht immer, sodass eine sprachliche Erläuterung ganz angebracht erscheint, zum anderen versuchen sie sich gern in der Schrift, nachdem sie die ersten Erkenntnisse erworben haben.

Wie die Überschrift (s.o.) zeigt, handelt es sich hier sowohl um Be- als auch um Verschriften. Das Beispiel des Jungen Oualid (siehe Seite 213) macht dies deutlich: Das Wort »Baum« kann er schon richtig schreiben aus früheren Übungen. Das Wort »Fuchs« schreibt er rechtschreibmäßig gut, weil »der Fuchs« zu der Zeit zum Sachkundethema der Klasse gehört und er dieses Wort an der Tafel und auf einem Arbeitsblatt sehen kann. Das Wort »Wasser« ist ihm neu und er *ver*schriftet es seiner Aussprache gemäß.
Beide Schreibmöglichkeiten bleiben zu diesem Zeitpunkt der Schreibentwicklung nebeneinander stehen.

Wenn einige Schüler sich scheuen, mit dem eigenen Schreiben zu beginnen, fragen Sie sie immer wieder, ob Sie ihnen helfen können. Finden Sie mit den Kindern Wörter, lautieren Sie sie mit ihnen auf und schreiben Sie sie mit ihnen zusammen.

■ Schreiben, was ich kann

Material: Ein großes Blatt Papier (ungefähr Tischgröße), ein etwas dickerer Stift

Das Blatt Papier und der Stift werden auf einen Tisch gelegt. Die Kinder stellen sich darum herum auf. Stühle gibt es nicht, damit die Schüler sich um den Tisch herum bewegen können.
Es sollten sich nicht mehr als vier Kinder um einen Tisch gruppieren. Richten Sie bei mehreren Schülern entsprechend viele Schreibtische ein. Am Ende werden die verschiedenen Arbeitsergebnisse besprochen und verglichen.

Stellen Sie den/die Tisch/e in einen Nebenraum der Klasse auf (zur Not auf den Flur!), damit die Kinder nicht nur sichtbare Wörter aus dem Klassenraum abschreiben.

Der Auftrag heißt: *Schreibe auf, was du schon schreiben kannst!* Machen Sie gleich am Anfang deutlich, dass Zeichnen und Malen zu diesem Zeitpunkt nicht erwünscht sind.

Wenn Kinder den Anfang nicht wagen, fordern Sie sie auf, mit ihren Namen zu beginnen; denn das können sie bestimmt. Wenn ihnen dann noch immer nichts weiter einfällt, dürfen sie in den Klassenraum gehen, sich dort ein Wort aussuchen und »im Kopf mitbringen«.

Da an jedem Tisch nur *ein* Stift vorhanden ist, müssen sich die Kinder einigen, wer wann schreibt. Nichtschreiber sehen zu und versuchen, die Schriftzeichen zu entziffern. Der Schreiber kann die anderen fragen, wenn er in der Schreibung unsicher ist.

Die Lehrkraft beteiligt sich nur auf Wunsch (oder – wie oben beschrieben – als »Starthelfer«) und schaltet sich möglichst nicht korrigierend ein. Die Schüler sollen nicht Rechtschreibung üben, sondern in die Lage versetzt werden, sich mit Schriftsprache auszudrücken, so weit es ihnen zu diesem Zeitpunkt möglich ist.

Die Kinder beginnen gern mit geübten Wörtern, weil sie sich damit sicher fühlen. Wenn jedoch der eine oder andere mit dem Schreiben ganz anderer Buchstabenreihen beginnt (den Turnvereinsnamen, den Namen einer Freundin, einem dem Schüler wichtigen, interessanten Wort), regt es häufig die anderen an, sich auch auf Neuland zu begeben. So können ganz spannende Versuche des Schreibens entstehen.

Lassen Sie das »große Blatt« nicht innerhalb zu kurzer Abstände beschreiben (mit drei bis vier Monaten Pause dazwischen!), damit in der Zwischenzeit Neues gespeichert werden kann. Wenn ein Blatt noch viele unbeschriebene Stellen aufweist, legen Sie es beim zweiten Versuch noch einmal auf den Tisch zum Weitergestalten. Das hat den Vorteil, dass die seit längerer Zeit bekannten Wörter schon auf dem Papier stehen. So können die Schüler sich nicht an ihnen »festhalten«, sondern müssen von Anfang an Neues produzieren.

Baukasten 11
Rechtschreiben: der Schreibwortschatz 1

Auf der Ebene 1 haben die Kinder begonnen, einige Wörter aus ihrer näheren Umgebung zu untersuchen, zu vergleichen, zu durchgliedern und nachzuschreiben (Baukasten 1). Es gehörte dabei nicht zu den Lernzielen, dass sie sich die Schreibweise all dieser Wörter merkten. Es genügte, wenn sie ihren Namen lesbar, sicher und richtig schreiben konnten. Alles, was darüber hinaus ging, erfreute, wurde aber nicht erwartet.

Auf der Ebene 2 werden die Ansprüche an die Schüler höher. Neben dem Wörterzusammensetzen (Baukasten 8), – verändern, – nachschreiben und – verschriften (Baukasten 10) – sollen die Kinder jetzt bestimmte Wörter sammeln und sich ihre Rechtschreibung genau einprägen. Eine solche Zusammenstellung ergibt den Anfang eines klasseneigenen Schreibwortschatzes, der auf der Ebene 3 (und darüber hinaus!) erweitert werden soll.

Auswahl der Wörter

Die Anzahl der Wörter im Schreibwortschatz 1 hängt ab von der Leistungsfähigkeit der Lerngruppe. Wenn Sie eine schwache Sonderschulklasse unterrichten, kann es sein, dass Ihre Kinder im Rahmen der Ebene 2 mit sechs bis zehn Wörtern genug zu tun haben. Je mehr die Schüler schaffen können, desto besser, aber denken Sie besonders am Anfang daran, die Kinder nicht zu überfordern!
Der gemeinsame Schreibwortschatz 1 stellt den Minimalwortschatz dar, den jedes Kind möglichst fehlerfrei schreiben können sollte, wenn es zur Ebene 3 übergeht. Er soll in den nächsten Schuljahren solange erweitert werden, bis der Schüler das meiste von dem, was er schreiben möchte oder muss, orthografisch richtig zu Papier bringen kann.

Die Auswahl der ersten Übungswörter bestimmen Sie zusammen mit Ihren Schülern. Dabei ist anfangs wichtig,

1. *dass das Wort für Ihre Kinder von Bedeutung ist,*
2. *dass es nicht zu lang ist,*
3. *dass es ein häufig verwendbares Wort ist.*

Wenn Sie die Rechtschreibung mit Ihren Schülern ohne Vorschriften eines Kurses üben wollen, haben Sie den Vorteil, sich von Anfang an Übungswörter aussuchen zu können, die aus dem Erlebnis- und Wortschatz Ihrer Schüler stammen. Die Kinder haben mit Sicherheit mehr Interesse daran, ihre eigenen Wörter schreiben zu lernen als fremde. Fragen Sie sie zu Beginn der Sammlung, welche Wörter sie besonders gern haben. Geben Sie ihnen Beispiele: vielleicht »Freundin« oder »Mutter« oder »Bett« oder vielleicht »laufen« oder »küssen« oder »spielen« oder, oder, oder? Sie können auch Wörter aus dem letzten Gesprächs- oder Sachkundethema vorschlagen und auswählen lassen. Lenken Sie ein wenig dahingehend, dass nicht Wörter zur Auswahl kommen, die später nur selten benutzt werden können (z.B. Weihnachten, Ostern, Sellerie, Winterschlaf o.Ä.).

Beeinflussen Sie die Entscheidungen Ihrer Kinder nicht darin, dass nur so genannte lautgetreue Wörter ausgesucht werden. Es handelt sich hier um die Entstehung eines Rechtschreibwortschatzes, an dem später Schreibphänomene der deutschen Rechtschreibung erkannt werden sollen! Es sind also alle Wörter herzlich willkommen, an denen wichtige Prinzipien der Orthografie erfahrbar sind (z.B. die Schreibweisen bei der »Dehnung« und »Schärfung« der Vokale)! Das soll nicht bedeuten, dass von Anfang an Rechtschreibregeln besprochen werden. Es bedeutet jedoch, dass Rechtschreibphänomene nicht künstlich ausgeklammert werden.

Erklären Sie aber, wenn es nötig ist, warum z.B. »Verkehrskasper«, »Autokennzeichen« oder »Nuckelflasche« sich anfangs nur schwerlich zum Auswendig-Schreiben-Lernen eignen! Schreiben Sie die Wörter an die Tafel, sodass jeder sehen kann, wie lang und kompliziert (und damit schwierig im Kopf zu behalten) sie sind. Wenn jemand sie trotzdem als Übungswort haben möchte, darf er das innerhalb einer persönlichen Sammlung (zusätzlich zum Klassenschreibwortschatz) gern!

Wenn Ihre Schüler erste Wörter gefunden und geübt haben, gehen *Sie* zwischendurch an die weitere Auswahl, indem Sie ausschließlich Wörter nach Punkt 3 suchen: der häufigen Verwendbarkeit. Fragen Sie sich,

– welche Wörter sich gut zuordnen lassen (z.B: der, die, das; ein, eine; ja, nein; im, mit und o.Ä.) und
– mit welchen Wörtern leicht variable, kleine Sätze zusammengestellt werden können (z.B.: ist, hat, will, ich/wir, nicht, wie, wo, was o.Ä.).

Mit diesen Fragen sind Sie auf der Suche nach den am häufigsten benutzten Wörtern der deutschen Sprache. Ihre ständige Benutzung spricht für ihre Wichtigkeit, aber sie sind so unattraktiv, dass sie sich kaum jemand als beliebtes Wort aussuchen wird (mehr über häufig benutzte Wörter der deutschen Sprache siehe auf der Ebene 3 im Baukasten 13!). Darum bedürfen sie Ihrer Hilfe, wenn sie in den Klassenwortschatz aufgenommen werden sollen.

Aufbewahrung der Wörter

Schreiben Sie von Anfang an die Wörter des Schreibwortschatzes in sauberer Druckschrift für jedes Kind auf kleine Pappkärtchen. Wenn die Schüler später (Ebene 3) Karteikästen benutzen sollen, nehmen Sie dafür von Anfang an Karteikarten (DIN A7). Wenn Sie darüber aber jetzt noch nicht entscheiden wollen oder der Anschaffung teurer Karteikästen eher negativ gegenüberstehen, können Sie auch Pappkärtchen schneiden. Vierteln Sie dafür Karton des Formates DIN A4 in Längsrichtung. Jeder so entstandene Streifen von gut 5 cm Höhe wird dann noch einmal gedrittelt, sodass aus jedem Karton der Größe DIN A4 zwölf Kärtchen entstehen, die eine ungefähre Größe von 5 cm × 10 cm haben. Darauf hat jedes Wortschatzwort mit einer Schrifthöhe von 1,5 cm Platz!

Verwenden Sie für verschiedene Wortarten oder -gruppen verschiedenfarbige Pappen; z.B.:
– Substantive: rot oder rosa,
– Verben: gelb,
– Adjektive: blau,
– alles andere: weiß.

Auf diese Weise können die Wörter von den Kindern schnell übersichtlich geordnet werden, auch wenn der Wortschatz größer wird.

Am Anfang reicht es, wenn die Schüler ihre Wörter in einem festeren Briefumschlag aufbewahren, der mit ihrem Namen versehen ist. Lassen Sie auch jedes Wortkärtchen auf der Rückseite mit dem Schülernamen des Eigentümers beschriften. So kommt es bei späterer Zusammenarbeit nicht zu Streitereien.

Zur Demonstration und als Klassensammlung fertigen Sie zusätzlich einen größeren Kartensatz an. Dafür halbieren Sie einen Karton des Formates DIN A4 in Längsrichtung, sodass zwei Streifen von ungefähr 10 cm × 30 cm entstehen.
Ob Sie die großen Wortkarten – nach Farben sortiert – an einer Klassenwand befestigen, in einem Karton aufbewahren oder in mehrere Schachteln legen, bleibt Ihrer Fantasie und den Ihnen zur Verfügung stehenden Räumlichkeiten überlassen.

Übungsmöglichkeiten

■ Vergleichen und Durchgliedern

Material: Eine große Wortkarte und eine unbeschriebene Karte gleicher Farbe und Größe, Kleber und Schere

Der Lehrer zeigt das Wort auf einer großen Wortkarte. Die Schüler schauen es sich genau an und überlegen, ob ihnen daran etwas besonders auffällt (kurzes/langes Wort; Ähnlichkeit zu anderen Wörtern; bekannte/unbekannte Buchstaben; Ober- und Unterlängen u.a.).
Danach zerschneidet der Lehrer das Wort vor den Augen der Schüler so, dass es in seine Einzelelemente, die Schriftzeichen, zerlegt wird. Zwei- und dreigliedrige Buchstaben werden als Buchstabengruppe abgeschnitten.

Wegen der besseren Überschaubarkeit sind nur einige mehrgliedrige Schriftzeichen in der Buchstaben-Laut-Tabelle der Kinder verzeichnet worden. Behandeln Sie bitte beim Zerschneiden der Wörter alle folgenden als Buchstabengruppe, denn es erleichtert Ihren Schülern die spätere Rechtschreibung.

Hier die wichtigsten zweigliedrigen Schriftzeichen:
aa, ah, au, äu, ee, eh, eu, ei, ie, ih, oo, oh, öh, uh, üh, ck, ch, ff, mm, ng, nn, pf, pp, rr, ss, tt, ll, st, sp;

und drei, die auch wie solche behandelt werden dürfen:
en, er, el;

dazu zwei häufig gebrauchte dreigliedrige:
sch, ieh.

Beispiele zum Zerlegen:
Mutter: M – u – tt – er
Zaun: Z – au – n
essen: e – ss – en
ich: i – ch
Sessel: S – e – ss – el
sie: s – ie.

Wenn Sie bei jeder Neueinführung eines Wortes diese Art der Zerlegung verwenden, werden sich Ihre Schüler schnell daran gewöhnen und ihre erweiterten Erfahrungen auch beim Erlesen einsetzen.

Nach dem Auseinanderschneiden (der Analyse) folgt die Zusammensetzung (die Synthese) des Wortes: Die Schüler stellen/legen durcheinandergeratene Wortteile wieder in die richtige Reihenfolge, indem sie Buchstaben und Buchstabengruppen nach der eigenen Lautierung des Wortes ordnen. Dieser Vorgang sollte mehrfach wiederholt werden, bevor die Einzelteile des Wortes auf einen Pappstreifen gleicher Höhe und Farbe aufgeklebt werden. Das zusammengeklebte Wort ist dann weiterhin das Demonstrationswort, das mit den anderen, ähnlich entstandenen Wortschatzwörtern gesammelt wird.

■ Zeige hoch!

Material: Wortkarten, nach Farben sortiert

Die Schüler sollen das Wort/die Wörter hochheben, das/die den vorgegebenen Kriterien entspricht/entsprechen. Der Lehrer (später auch ein Schüler) geben sie an; z.B.:

- der Anlaut wird benannt;
- der Auslaut wird benannt;
- ein Inlaut wird benannt;
- die Silbenanzahl wird benannt;
- das ganze Wort wird genannt;
- das Wort wird umschrieben.

■ Wörter stempeln mit verdeckten Karten

Material: Wortkarten, je ein Stempelkasten für zwei Schüler und Papier zum Üben

Die Wortkarten des Schülers liegen verdeckt zu einem Stapel geordnet auf seinem Tisch. Das Kind deckt das oberste Wort auf und betrachtet es genau. Dann dreht es die Wortkarte wieder um, sodass sie verdeckt auf dem Tisch liegt. Es versucht, das Wort »im Kopf zu schreiben«. Wenn das nicht gelingt, schaut es sich das Wort noch einmal genau an und wiederholt die »Kopfarbeit«. Wenn der Schüler zu wissen meint, wie das Wort aussieht, stempelt er es auf das Papier. Zum Schluss vergleicht er mit der Wortkarte. Ist noch ein Fehler zu finden, versucht er das Wort noch einmal zu stempeln bei verdeckter Wortkarte.

Variationen:
a) Wörter in ähnlicher Weise mit einem Steckkasten stecken lassen.
b) Wörter mit gleicher Vorgehensweise schreiben lassen.

■ Partnerdiktat

Material: Wortkarten, Radiergummi, Stift und Papier für jeden Schüler

Je zwei Schüler setzten sich nebeneinander. Ein Kind nimmt sich eine seiner Wortkarten und liest sie dem anderen vor. Der Partner schreibt das Wort auf, ohne es sehen zu können. Dabei achtet der Diktierende sorgfältig auf jeden geschriebenen Buchstaben und gibt verbale Hilfestellungen, wenn Fehler entstehen oder der Schreibende nicht weiter weiß. Danach diktiert derjenige, der eben geschrieben hat.

Um den jeweiligen Leser zum genauen Hinsehen zu motivieren, kann als Regel eingegeben werden, dass derjenige ein Wort dreimal schreiben muss, der einen Fehler beim Schreibenden übersieht.

■ Schreiben mit Kontrollmöglichkeit

Material: Wörter an der klappbaren Wandtafel, und für jedes Kind: Radiergummi, Stift und Papier

Übungswörter werden an die Wandtafel geschrieben, gelesen und – wenn möglich – auswendig gelernt. Danach wird die Tafel umgeklappt und jedes Kind schreibt die Wörter auswendig auf sein Papier. Wenn jemand ein Wort oder seine Schreibweise vergessen hat, darf er aufstehen und hinter der Tafel nachschauen.

■ Aufstellen zum Wort

Material: Übungswörter in Demonstrationskartengröße werden betrachtet und nach Schriftzeichen auseinander geschnitten. Oder: Übungswörter, die mit großen Steckbuchstaben gesteckt worden sind, werden auseinander genommen.

Die Schriftzeichen werden unsortiert auf den Boden gelegt. Die Kinder sitzen dahinter auf Stühlen oder auf dem Boden.

Der Lehrer benennt ein Übungswort. Wer einen Buchstaben weiß, der dafür benötigt wird, steht auf, nimmt ihn sich und stellt sich damit so vor die Tafel (oder an die Wand), dass die anderen Kinder das Schriftzeichen sehen können. Wer weiter weiß, holt einen anderen Buchstaben und stellt sich ebenso an die richtige Stelle. Das geht so lange, bis das Wort (Buchstabe für Buchstabe in der richtigen Reihenfolge) entstanden ist. Schüler, die dabei am Platz sitzen bleiben, beurteilen die jeweiligen Lösungen und machen Verbesserungsvorschläge, wenn Fehler aufgetreten sind.
Danach werden die Buchstaben wieder abgelegt, und ein neues Übungswort wird benannt.
Wenn Sie in einer unruhigen, sich leicht streitenden Lerngruppe unterrichten, empfiehlt es sich, dass das Buchstabenholen durch Melden angezeigt wird, damit keine Auseinandersetzungen entstehen.

■ Schönschreiben

Material: Schreibfiguren (siehe Seite 221 und 222), Radiergummis und Stifte, Wortkarten

Schönschreiben ist hier mehr oder weniger ein Aufhänger, um zum genauen, wiederholten Schreiben zu gelangen.
Die Schüler suchen sich ein Wort aus dem eigenen Wortschatz und eine Schreibfigur aus. Sie betrachten das Wort genau, verdecken es und schreiben es, so schön sie können, in die Schreibfigur. Danach vergleichen sie ihr Geschriebenes mit der Wortkarte, verbessern, wenn nötig, und beginnen noch einmal von vorn, bis die Schreibfigur vollgeschrieben ist. Zum Schluss wird *das* Wort sauber eingekreist, das am schönsten geworden ist.

Variation:
a) Wenn die Lineatur zu klein ist für Ihre Schüler, vergrößern Sie die Schreibfiguren beim Kopieren entsprechend.
b) Wenn Ihre Kinder eine andere Lineatur gewohnt sind, schneiden Sie vor dem Kopieren die vorhandenen Linien heraus und hinterkleben Sie die Figuren mit der gewohnten Lineatur.
c) Für Kinder ist es immer wieder reizvoll, nicht nur Papiere, sondern auch Hefte zu beschriften. Am Anfang sind die Schüler aber mit einer normalen Heftgröße überfordert. Legen Sie deshalb die Hefte unter die Schneidemaschine und halbieren Sie sie. Es entstehen zwei DIN-A6-Hefte im Querformat. Da Schulhefte mit zwei Klammern zusammengehalten werden, fallen die Hälften nicht auseinander und können gut als Schönschreibhefte benutzt werden.

Schreibfiguren

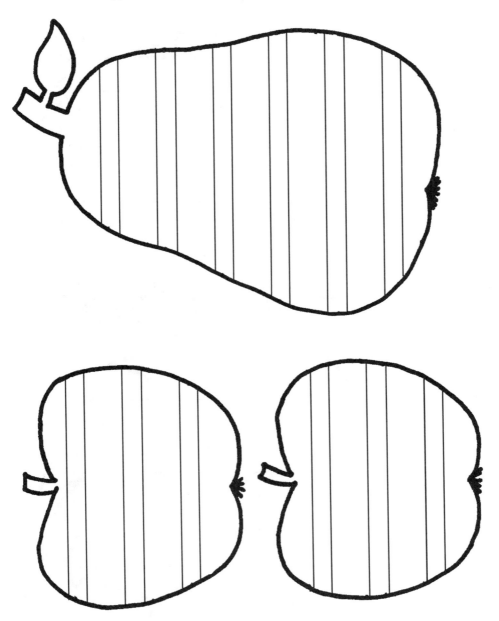

Schreibfiguren

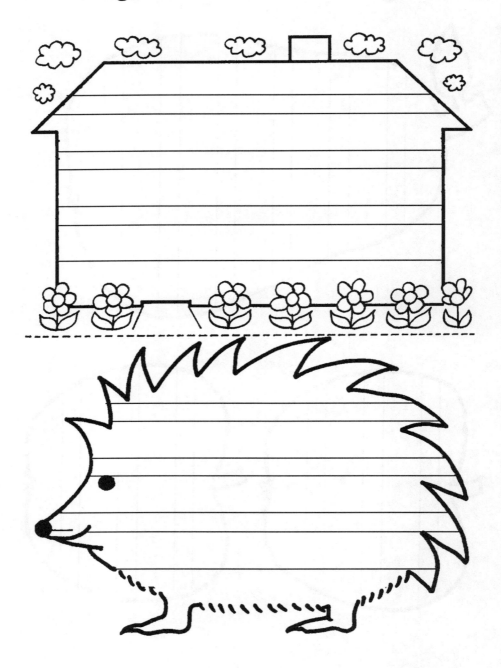

■ Zuordnungsübungen

Diese Übungen zielen auf das Einüben der Schreibweise unattraktiver Funktionswörter, so weit sie im Wortschatz Ihrer Schüler vorkommen. Sie könnten einwenden, dass das Schreiben dieser Wörter nicht oft geübt werden muss, weil sie doch einfach strukturiert sind. Täuschen Sie sich nicht! Lernschwache Kinder müssen auch dieses immer wieder üben, damit sie nicht noch in der Oberstufe z.B. »Iich«, »sit« oder »nain« anstatt »ich«, »ist« oder »nein« schreiben.

☐ Zuordnen der bestimmten und unbestimmten Artikel

Material: Pro Schüler ein Arbeitsblatt (siehe Seite 224) und ein Stift

Die Schüler betrachten und benennen die Abbildungen und überlegen, ob »der«, »die« oder »das« zugeordnet werden muss. Sie stellen sich die Schreibweise der kleinen Wörter vor und schauen in ihren Wortkarten nach, wenn sie ihnen unklar ist. Danach schreiben sie die richtigen Artikel auf die freien Linien.

Variationen:
a) Anstelle der bestimmten Artikel werden die unbestimmten Artikel »ein« oder »eine« eingesetzt.
b) Der Lehrer stellt weitere Arbeitsblätter dieser Art her, indem er Abbildungen (siehe Anhang!) verkleinert und über die vorgegebenen Bilder des Arbeitsblattes klebt.

☐ Zuordnen von »ja« oder »nein«

Material: Pro Schüler ein Arbeitsblatt (siehe Seite 225) und ein Stift

Die Schüler stellen sich vor, wie »ja« oder »nein« geschrieben wird. Sie betrachten und benennen die Abbildungen. Danach beantworten sie die Frage »Magst du das essen?«, indem sie »ja« oder »nein« unter die Bilder schreiben.

Variation:
Der Lehrer stellt weitere Arbeitsblätter dieser Art her, indem er die Abbildungen mit Bildern aus dem Anhang überklebt. Dazu werden neue Fragen eingegeben, die wiederum mit »ja« oder »nein« beantwortet werden müssen.
Mögliche Fragestellungen:
Sind das (Haus-)Tiere/Werkzeuge/Körperteile?
Kannst du das tragen?
Passt das in deine Schultasche/Wohnung/Hosentasche?

Ebene 2

Zuordnen der Artikel

Magst du das essen?

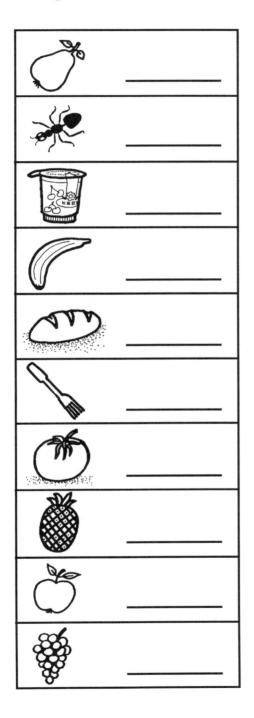

☐ Zuordnen von »ist da« oder »ist nicht da«

Material: Liniertes Papier und Stifte

Die Schüler schreiben den eigenen und alle Namen der Mitschüler untereinander auf das Papier. Jeder Name soll danach zu einem Satz ergänzt werden, indem »ist da« oder »ist nicht da« dahintergeschrieben wird.
Vor dem Schreiben prüfen die Schüler wieder, ob sie die Wörter »im Kopf schreiben können«, oder ob sie vor dem Schreiben noch einmal im eigenen Wortschatz nachschauen müssen.

Variationen:
a) Anstelle der Namen können auch Abbildungen (siehe Anhang!) untereinander geklebt werden, die ebenfalls mit »ist da« (nämlich im Klassenraum) oder »ist nicht da« kommentiert werden.
b) Es werden wiederum die Namen der Schüler untereinander geschrieben. Sie stehen also am Anfang einer Reihe. An deren Ende kleben die Kinder eine verkleinerte Abbildung, die der Lehrer vorbereitet hat (der Einfachheit halber bitte nur Abbildungen von Substantiven, die mit »eine« verbunden werden können: eine Tomate, Schere, Banane u.a.). Zwischen Namen und Abbildung sollen die Formulierungen »hat eine« oder »hat keine« gesetzt werden.

■ Schreiben mit dem Wörterbuch (siehe Seite 149 bis 156)

a) Die letzten beiden Übungsformen mit dem Wörterbuch (siehe Seite 148) sind auch an dieser Stelle einzuordnen. Es können dabei die Wörter »ist (nicht)« beziehungsweise »kann (nicht)« geübt werden.

b) Artikel können auch den Wörterbuchwörtern gut zugeordnet werden. Ein Arbeitsauftrag könnte dann lauten:
Schreibe zehn Wörter aus dem Wörterbuch heraus mit »der«, »die« oder »das« (»ein« oder »eine«)!

Ebene 3

Vom Wort- zum Satzlesen und -schreiben

Es mag für den geübten Leser nur schwer zu verstehen sein, dass jemand, der Wörter lesen kann, sich vor dem **Satzlesen** scheut. Aber es reagieren so manche Leseanfänger, die mit Mühe gelernt haben, mit Ablehnung, wenn sie ganze Reihen von Buchstaben auf sich zukommen sehen. Beim Wörterlesen haben sie nach jedem richtig entzifferten Wort eine Bestätigung bekommen. Beim Satzlesen müssen sie mehrere solcher Hürden schaffen, bevor sich herausstellt, ob das Ganze einen Sinn ergibt. Da fühlen sich lernschwache Kinder leicht überfordert. Sie brauchen an dieser Stelle Übung, Übung und nochmals Übung, um voranzukommen.

Kommen wir Ihnen entgegen, indem wir die Sätze am Anfang nicht zu lang und die Schrift nicht zu klein anbieten! Locken wir sie mit interessanter und unterhaltsamer schriftsprachlicher Kommunikation. So werden die Schüler sich am Schluss auch an kurze Texte und erste Bücher heranwagen.

Neu auf dieser Ebene ist das **Erlernen einer Schreibschrift** (Baukasten 12). Planen Sie für das Einüben viel Zeit ein! Nutzen Sie sie mit Ihren Schülern, indem Sie sie schreibschriftschreibend (Recht-)Schreiben üben lassen.

Baukasten 12
Erlernen der Schreibschrift

■ **Die Buchstabenschränke mit Schreibschrift**

Material: Die Buchstabenschränke mit Schreibschriftbuchstaben (siehe Seite 229 oder 230 oder 231)

Auf den angegebenen Seiten finden Sie die bekannten Buchstaben-Laut-Tabellen, in die jetzt zusätzlich Schreibschriftbuchstaben eingefügt worden sind. Es stehen Ihnen drei Schriften zur Auswahl:

- die Vereinfachte Ausgangsschrift,
- die Lateinische Ausgangsschrift und
- die Schulausgangsschrift.

Wählen Sie aus und tragen Sie in die leeren Schubladen die Buchstaben in Schreibschrift ein, die Sie mit Ihren Kindern schon zusätzlich erarbeitet haben (siehe bisherige Buchstaben-Laut-Tabelle Ihrer Schüler: ß, Sp, sp, St, st, Äu, äu, oder ähnliches?; Informationen darüber auf Seite 146 im Baukasten 6). Kopieren Sie dann – wie gewohnt – für jeden Schüler zwei »Buchstabenschränke«: einen für den Schultisch und einen für die Schultasche.

Lassen Sie die Schüler üben,

a.) indem Sie den Bewegungsablauf der einzelnen Buchstaben an der Tafel demonstrieren und die Kinder die neuen Schriftzeichen auf Papier nachvollziehen (groß und klein, mit dicken und dünnen Stiften; auf Papieren ohne und mit unterschiedlicher Lineatur).
Lassen Sie die Schüler in den »Buchstabenschränken« die Schreibanfänge eines jeden Buchstaben mit einem roten Punkt markieren.

b.) indem Sie typische Buchstabenverbindungen an der Tafel demonstrieren, die die Kinder auf Papier nachvollziehen.

c.) indem Sie die Namen der Kinder (nach und nach die Wörter des eigenen Wortschatzes) in Schreibschrift an die Tafel schreiben und die Schüler es zunächst auf Papier und später im Heft versuchen.

d.) indem die Kinder Wörterbuchwörter nach bestimmten Kriterien auswählen und in Schreibschrift übertragen.

Ab jetzt gilt die Regel:
Die Druckschrift brauchen wir zum Lesen, die Schreibschrift zum Schreiben.

Die Buchstabenschränke
(mit vereinfachter Ausgangsschrift)

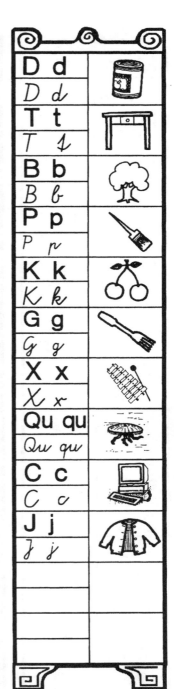

Ebene 3

Die Buchstabenschränke
(mit lateinischer Ausgangsschrift)

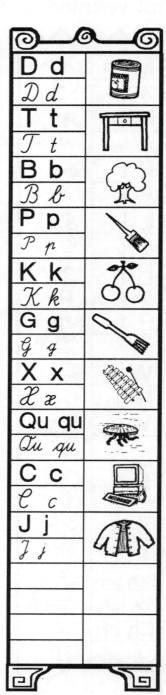

Die Buchstabenschränke
(mit Schulausgangsschrift)

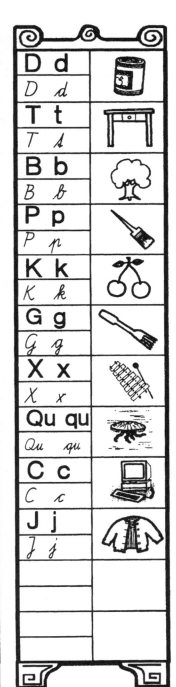

Ebene 3

Zusätzlich zu verwendende, käufliche Arbeitsmittel

Wenn Sie der Meinung sind, dass Ihre Schüler mehr motorische Übungsmöglichkeiten für das Schreibschriftschreiben benötigen, legen Sie zusätzlich einen Schreibschriftlehrgang in diesen Baukasten. Zum Beispiel:

- H. Weißpferd: »Schreibkartei für das 1. Schuljahr«, Vertrieb: Pädagogik-Cooperative, Bremen
- H. Mayer-Behrens, S. Vecqueray: »So schreibe ich!«, Heimsberg
- »Schreib-Lern-Heft 1«, Pelikan-AG, Hannover
- »Schreiblehrgang«, Verlag Sigrid Persen, Horneburg.

Vergessen Sie beim Bestellen nicht, die Schreibschriftart anzugeben, die Sie für Ihre Schüler ausgewählt haben!

Baukasten 13
Rechtschreiben:
Der erweiterte Schreibwortschatz

Von der Druckschrift zur Schreibschrift

Die Schüler sind jetzt dabei, eine Schreibschrift zu erlernen. Sie sollen sie auch beim Rechtschreiben üben. Wiederholen Sie mit den Kindern einige Schreibübungen der Ebene 2 (Baukasten 11: Rechtschreiben: Der Schreibwortschatz 1) mit der zusätzlichen Aufgabenstellung der Schreibschriftübertragung. Die Buchstabenschränke mit den Schreibschriftbuchstaben liegen dabei sichtbar auf den Schülertischen.

Auswahl der weiteren Wörter

Die Schnelligkeit der Neueinführungen und die Anzahl der Wörter, die in den klasseneigenen Wortschatz aufgenommen werden, hängt weiterhin von der Leistungsfähigkeit Ihrer Schüler ab.

Für die Wortauswahl bleibt ein Kriterium vorrangig bestehen:

1. *Das Wort muss für Ihre Kinder von Bedeutung sein.*

Als zweites Auswahlkriterium kommt jetzt hinzu:

2. *Es soll ein in der deutschen Gegenwartssprache häufig gebrauchtes Wort sein.*

In mehreren Bundesländern gibt es für den Rechtschreibunterricht der Grundschule verbindliche Wortschatzlisten, von denen man annehmen sollte, dass sie die am häufigsten benutzten Wörter enthalten. Vergleiche lassen diese Vermutung zwar bezweifeln (sie sind nicht nur von unterschiedlichem Umfang, sondern auch inhaltlich wenig übereinstimmend), aber wenn Ihnen eine von diesen Listen vorgeschrieben worden ist, verwenden Sie sie trotzdem als Anregung für Ihren klasseneigenen Wortschatz.

Der Wortschatz im Anhang (siehe Seite 309 bis 311) bietet Ihnen eine grundlegendere Orientierungsmöglichkeit. Er ist aus den 400 am häufigsten gebrauchten Wörtern zusammengestellt worden, die Grundschüler für eigene Texte verwendet haben.[*] Bei dieser Wortschatzerhebung finden Sie zu den Wörtern Zahlen, die die Häufigkeit der Verwendung anzeigen. Sie können daran erkennen, dass es unter den 400 häufigsten nur wenige bedeutungstragende Wörter mit hohen Zählungen gibt (z.B.: Mutter, Vater, Katze, Hund). Das bedeutet, dass die meisten inhaltlich relevanten Wörter austauschbar sind.

---

[*] Näheres siehe D. Mahlstedt »Grundwortschatz und kindliche Schriftsprache« (1985).

Machen sie sich also keine Gedanken, wenn für Ihre Schüler »Zirkus«, »Blätter«, »Sonntag« oder »Land« nicht so wichtig werden, dass sie in den klasseneigenen Schreibwortschatz kommen sollen. Aber zur Aufnahme der Wörter »kommen«, »sagen«, »haben« oder »gehen« u.a. sollten Sie den Kindern im Laufe der Zeit raten, weil sie sie beim eigenen Schreiben voraussichtlich häufig brauchen werden (siehe Häufigkeitszählung)!

Markieren Sie in Ihrer Wortliste die Wörter, die sich schon im klasseneigenen Schreibwortschatz befinden. Sie werden merken, dass viele übrig bleiben. Lassen Sie sich davon nicht beunruhigen und drängen Sie Ihre Kinder nicht zum schnelleren Lernen. Der einzige Sinn der Markierungen in den Häufigkeitslisten liegt darin, dass *Sie* ein Gespür dafür bekommen, um welche Art von Wörtern es sich in Wortschatzsammlungen handeln kann und welche von besonderer Wichtigkeit sind. Mit diesem Wissen sind Sie ein guter Berater.

Bei Entscheidungsschwierigkeiten können Sie noch eine drittes Auswahlkriterium hinzuziehen:

3. *Das Wort soll – wenn möglich – für die deutsche Rechtschreibung beispielhaft sein (erlaubt es Analogiebildungen?).*

Wörter mit typischen Rechtschreibphänomenen der deutschen Schriftsprache (z.B. Vokaldehnungen und Konsonantendoppelungen) sind im klasseneigenen Wortschatz gut aufgehoben! Sie fallen auf und regen zu Vergleichen an.

Aufbewahrung der Wörter

Neue Wörter werden weiterhin für jeden Schüler *in Druckschrift* auf verschiedenfarbige Pappkärtchen geschrieben (näheres dazu in Baukasten 11: siehe Seite 216) und in den schon bestehenden Schreibwortschatz einsortiert.

Im Laufe der Zeit wird die Wortanzahl so anwachsen, dass sich die Aufbewahrung der Schülerkarten in einem großen Briefumschlag nicht mehr als zweckmäßig erweist. Dann wäre es schön, wenn jedes Kind einen kleinen Karteikasten bekäme. Selbst hergestellte Wortkarten können auf gleichfarbige Karteikarten geklebt und – nach Farben sortiert – übersichtlich eingeordnet werden. Nachfolgende Wörter werden gleich auf die Karteikarten geschrieben.
Wenn die Anschaffung von Karteikästen für Ihre Schüler zu teuer ist, lassen Sie die Wortkarten – mit einem Gummiband nach Farben gebündelt – in kleinen Schachteln aufbewahren.

Die großen Demonstrationskarten hängen weiterhin – wie von Ihnen auf der Ebene 2 begonnen – an der Klassenwand oder liegen in (Schuh-)Kartons.

Wenn Sie für die Aufbewahrung ein bißchen mehr Zeit investieren können, interessiert Sie sicher der Vorschlag von Marion Bergk, ein Riesen-Wörter-Faltbuch anzufertigen.[*]

[*] Siehe M. Bergk »Rechtschreibenlernen von Anfang an« (1987), Seite 162 bis 164.

Übungsmöglichkeiten

■ Vergleichen und Durchgliedern

Material: Eine große Wortkarte, eine gleichgroße und gleichfarbige, leere Pappkarte, Schere und Kleber

Durchführung: Wie auf der Ebene 2 in Baukasten 11 beschrieben!

■ Wörter schreiben mit verdeckten Karten

Material: Wortkarten, Papier, Radiergummis und Stifte

Durchführung wie »Wörter stempeln mit verdeckten Karten« (Ebene 2, Baukasten 11) mit dem Unterschied, dass die Wörter in Schreibschrift niedergeschrieben werden.

■ Partnerdiktat

Material: Wortkarten, Papier, Radiergummis und Stifte

Durchführung wie auf die Ebene 2 in Baukasten 11 mit dem Unterschied, dass die Wörter in Schreibschrift geschrieben werden.

■ Schreiben mit Kontrollmöglichkeit

Material: Tafel; Radiergummis, Stifte und Papier

Durchführung wie auf der Ebene 2 in Baukasten 11 mit dem Unterschied, dass vorher Sätze aus dem Schreibwortschatz gebildet und an die Tafel geschrieben worden sind.

■ Aufstellen zum Satz

Material: Demonstrations-Wortkarten

Die großen Wortkarten müssen für alle sichtbar und erreichbar ausgelegt/aufgehängt sein. Der Lehrer sagt einen Satz, der mit den vorhandenen Wortkarten gebildet werden kann. Schüler holen je ein Wort und stellen sich damit so an die Wand oder vor die Tafel, dass der Satz richtig zu lesen ist.
Kinder, die dabei am Platz sitzenbleiben, beurteilen die jeweiligen Lösungen und machen Verbesserungsvorschläge, wenn Fehler auftreten.
Danach werden die Wörter wieder abgelegt und ein neuer Satz wird benannt.

Bei unruhigen, sich leicht streitenden Lerngruppen empfiehlt es sich, das Wortholen vorher durch Melden anzeigen zu lassen.

Vertauschte Sätze

Material: Ungefähr 10 cm breite Pappstreifen (DIN-A2-Format vierteln in Längsrichtung), vier Schuhkartons

Auf jeden Streifen schreibt der Lehrer einen ähnlich strukturierten Satz aus Wörtern des Schreibwortschatzes, der jeweils mit einem Schülernamen (oder dem Lehrernamen) beginnt. Zum Beispiel:

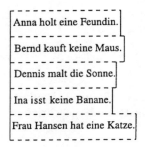

Die Sätze werden von den Schülern gelesen. Danach werden die Pappstreifen so geschnitten, dass nur noch ein Wort oder ein Name auf jedem Kärtchen steht. Zum Beispiel:

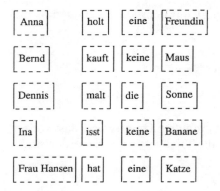

Gleiche Wortkarten werden gestapelt, gemischt und verdeckt in einen Schuhkarton gelegt. Die Kartons stehen in der Reihenfolge: Namen, Verben, Artikel, Substantive in einigem Abstand vor den Kindern.

Vier Schüler stellen sich hinter die Kartons, nehmen je eine Wortkarte heraus und zeigen sie den übrigen Kindern, die den so entstandenen Satz lesen (und schreiben?). Zum Beispiel:

[Anna] [isst] [keine] [Freundin]

Die Namen der Schüler sollten bei wiederholten Spielen ausgetauscht werden, damit sich kein Kind benachteiligt fühlt.

■ Sätze hüpfen

Material: Pappkarten in der Größe der Demonstrationskarten; 10 mit Kreide oder Tesa-Krepp auf dem Boden markierte Quadrate (wie Spielfelder »Silben hüpfen«, siehe Seite 128)

Die Pappkarten werden mit Wortschatzwörtern beschriftet, die sich z.T. nur geringfügig unterscheiden und verschiedene Satzbaumöglichkeiten zulassen. Zum Beispiel:

Die Wortkarten werden gemischt und in die Spielfelder gelegt. Der Lehrer (später auch ein Schüler) nennt einen Satz (z.B. anfangs: »Ich spiele gern«; später: »Wir spielen nicht gern am Tisch«). Ein Schüler hüpft in der richtigen Reihenfolge die Felder ab, in denen die Wörter des Satzes liegen, und liest diese dabei vor.

■ Strichdiktat

Material: Tafeltext, Stifte, Radiergummis und Papier

Ein Text aus Wortschatzwörtern steht an der Tafel und wird von den Schülern gelesen. Zum Beispiel:

Die Schule ist aus.
Wir gehen nach Hause.

Nach einigen Wiederholungen werden bestimmte Wörter bis auf die Anfangsbuchstaben gelöscht. Zum Beispiel:

Die Sch _ _ _ ist aus.
Wir g _ _ _ _ nach Hause.

Die Kinder lesen wieder und versuchen die weggewischten Wörter zu erinnern. Weitere Wörter werden – wie oben – gelöscht. Zum Beispiel:

Die Sch _ _ _ i _ _ aus.
Wir g _ _ _ _ nach H _ _ _ _.

Es wird so lange gelöscht, bis der gesamte Text nur noch aus Anfangsbuchstaben und Strichen besteht. Zum Beispiel:

D _ _ Sch _ _ _ i _ _ au _.
W _ _ g _ _ _ _ n _ _ _ H _ _ _ _.

Mit Hilfe dieser Vorlage schreiben die Schüler den ursprünglichen Text auf.

Variation:
Auch die Anfangsbuchstaben werden weggelassen, sodass nur noch Striche an den Text erinnern. Zum Beispiel:

_ _ _ _ _ _ _ _ _ _ _ _ _.
_ _ _ _ _ _ _ _ _ _ _ _ _ _.

Lückendiktat

Material: Tafeltext, Stifte, Radiergummis und Papier

Grundlage ist ein Tafeltext, der nur zum Teil aus Wortschatzwörtern besteht. Beim Beispieltext sind die Wörter des Schreibwortschatzes unterstrichen:

<u>Der</u> Junge <u>ist</u> traurig.
<u>Sein</u> Kaninchen <u>ist</u> gestorben.
<u>Der</u> Junge <u>will nicht spielen</u>.
<u>Er kann</u> gar <u>nicht</u> lachen.
Wie <u>können wir</u> ihm helfen?

Nachdem die Schüler den Tafeltext mehrfach gelesen haben, werden die Wortschatzwörter gelöscht. In die entstehenden Lücken werden die Anfangsbuchstaben und jeweils ein Strich gesetzt:

D _ _ Junge i _ _ traurig.
S _ _ _ Kaninchen i _ _ gestorben.
D _ _ Junge w _ _ _ n _ _ _ _ sp _ _ _ _ _ .
E _ k _ _ _ gar n _ _ _ _ lachen.
Wie k _ _ _ _ _ w _ _ ihm helfen?

Wenn die Kinder diesen Text entschlüsseln können, schreiben sie ihn vollständig auf.

Schreibaufgaben in Sichthüllen

Material: Mehrere für alle erreichbar ausgelegte oder aufgehängte Sichthüllen, verschiedene Schreibaufgaben, eine Ablage

Viele Schreibaufgaben bedürfen keiner langen Erklärung und lassen sich leicht verständlich auf einem Arbeitsblatt darstellen. Zum Beispiel:

- Übertragungen von Druck- in Schreibschrift (Schreibe in Schreibschrift!);
- Endlostext, der in Sätze eingeteilt und richtig abgeschrieben werden soll (Schreibe richtig ab!);
- Artikel-Zuordnungen (Setze ein: der, die oder das!);
- Lückentext: ein Text, dem Wörter fehlen, die am Schluss aufgereiht werden (Setze die richtigen Wörter ein!);
- Zu einer Katalogseite kommt der Auftrag: Schreibe auf, was du siehst!

Andere Aufgaben lassen sich auch ohne Arbeitsblatt leicht verständlich schriftlich stellen. Zum Beispiel:

- Schreibe alle Wörter auf, die dir einfallen!
- Schreibe Tiere (Fahrzeuge, Kleidung u.Ä.) auf!
- Was hast du gestern gemacht? Schreibe auf!

Solche und ähnliche Arbeitsaufträge werden in Sichthüllen gesteckt und sollen innerhalb eines angegebenen Zeitraumes in beliebiger Reihenfolge bearbeitet werden.

Wenn möglich, werden den Sichthüllen Kontrollmaterialien zugeordnet. Gelöste Aufgaben werden mit Namen versehen und in den Ablagekasten gelegt.

Die Schüler bekommen einen guten Überblick über ihre Arbeit, wenn zusätzlich eine Liste da ist, in die sie eintragen können, welche Aufgaben sie bereits erledigt haben.

Verben und Endungen

Material: Demonstrationskarten mit Verben

Die großen Wortkarten liegen/hängen ungeordnet und für alle Kinder sichtbar und erreichbar. Zum Beispiel:

Erklären Sie den Schülern anhand eines Beispiels den Begriff »Wortfamilie« und lassen Sie die Verben entsprechend ordnen:

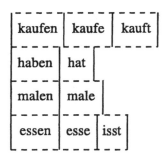

Bündeln Sie die Wortfamilien mit Gummibändern (Ausgangsform als oberste Karte!) und ordnen Sie sie wieder in den klasseneigenen Wortschatz ein. Die Schüler fassen ihre eigenen Wortkarten in der gleichen Weise zusammen.

In folgenden Stunden lassen Sie die Schüler die einzelnen Mitglieder der Wortfamilien regelmäßiger Verben vergleichen. Benennen Sie Wortstamm und -endungen und lassen Sie die Kinder ihre neuen Erkenntnisse über gleich bleibende Endungen auch an anderen regelmäßigen Verben ausprobieren.

Danach werden – außer der Stammwortkarte – alle Wortkarten mit verschiedenen Formen regelmäßiger Verben aus dem klasseneigenen Wortschatz herausgenommen.

Später sollen auch bei unregelmäßigen Verben die unterschiedlichen Formen aussortiert werden. Lassen Sie sie aber vorher auf die Rückseiten der Stammwortkarten schreiben.

Ausnahme: Wortkarten mit den Wörtern »bin«, »bist«, »ist«, »sind« oder »seid« bleiben zunächst ungebündelt im Wortschatz, weil die Kinder mit dem Stammwort »sein« nur wenig anfangen können.

Textschreibweise und erste Zeichensetzung

Material: Große Wortschatzkarten, Tafel und Kreide

Lassen Sie die Schüler zwei/drei Sätze mit den Wortschatzkarten legen. Der so entstandene Text soll danach an die Tafel geschrieben werden, wobei alle Kinder beteiligt sein können, wenn jedes im laufenden Wechsel nur ein Wort schreibt und dann die Kreide weitergibt.

Es kann sein, dass der Text ohne Punkte geschrieben wird. Lassen Sie es zunächst geschehen und besprechen Sie die Schreibweise von Sätzen anhand des Textes:

– Satzanfang: Großbuchstabe
– Satzende: Punkt.

Der Tafeltext wird verbessert und richtig abgeschrieben.
Weitere Übungen erfolgen durch erneutes Legen von Sätzen mit den eigenen Wortschatzkarten und anschließendem Abschreiben.

Stellen Sie als nächstes Satzzeichen das Fragezeichen vor.

Baukasten 14
Kommunikation mit Schriftsprache

■ **Die Lesemaschine**

Material: Die Lesemaschine (siehe Seite 242) und Satz 1 der Lesestreifen (siehe Seite 243 oben)

Ein oder zwei Kinder bekommen eine Lesemaschine, die an den gestrichelten Linien eingeschnitten ist (das macht am besten die Lehrkraft mit einem Schneidemesser!). Dazu gehören drei Lesestreifen, die durch die geschnittenen Schlitze der Maschine gezogen werden (siehe kleine Abbildung!).
Satz 1 der Lesestreifen ist oben durch Halbmonde gekennzeichnet. Sind die Monde links, gehört der Streifen auf die linke Seite der Maschine. Sind sie rechts, sollte er rechts durchgezogen werden. Befinden sich die Monde in der Mitte, ist dies der mittlere Lesestreifen.
Die schwarzen Enden mit den Monden werden nach hinten weggeknickt, wenn die Streifen eingezogen worden sind, und dienen – wie beim Lesebus (Baukasten 9) – als Stopper (siehe kleine Abbildung!).

Die Kinder versuchen die Lesestreifen so einzustellen, dass die in den Lesefenstern sichtbaren Wörter einen sinnvollen Satz ergeben. Sie lesen sich das Ergebnis gegenseitig vor und/oder schreiben es auf.

Selbstverständlich können auf der Lesemaschine auch Unsinnsätze eingestellt werden. Das bringt den Schülern meistens noch mehr Spaß.

Variation: Lesemaschine mit Lesekartensatz 2

Material: Lesemaschinen wie oben und Lesestreifensatz 2 (siehe Seite 243 unten)

Handhabung wie oben!

Die Lesemaschine

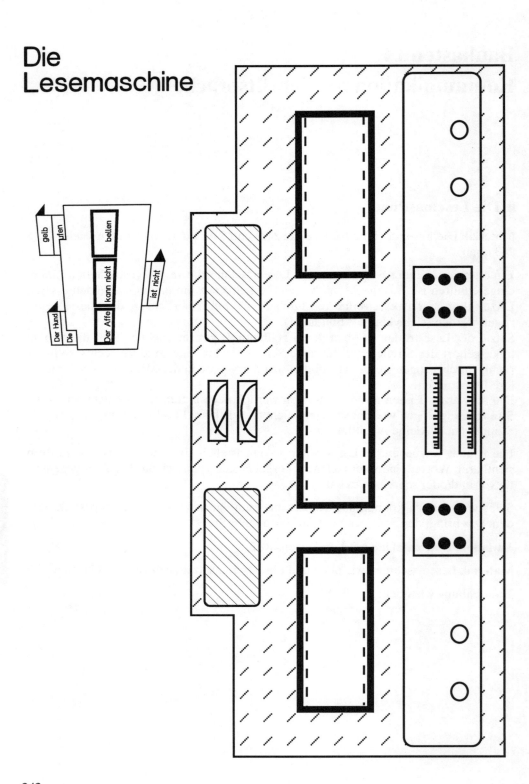

LESESTREIFEN für die LESEMASCHINE

Satz 1

((	( )	))
Der Hund	ist	bellen.
Die Banane	ist nicht	gelb.
Die Ameise	kann	laufen.
Die Zitrone	kann nicht	trinken.
Der Affe		braun.
Die Kirsche		rot.

Satz 2

•	•	•
Ein Dackel	bellt	im Hof.
Eine Frau	sitzt	im Zug.
Ein Junge	isst	am Tisch.
Ein Mädchen	liest	im Haus.
Eine Wurst	liegt	im Topf.
Ein Schwein	steht	im Stall.

Ebene 3

Das Fragespiel

Material: Karten des Fragespiels (siehe Seiten 245 bis 246)

Die Fragen sollen von den Mitspielern gelesen und beantwortet werden. Das kann auf verschiedene Weise geschehen; z.B.:

- *Schriftliche Handhabung mit dem Wörterbuch aus Baukasten 7:* Die Karten werden an die Mitspieler verteilt, die ihr Wörterbuch, Stifte und Papier vor sich liegen haben. Die Schüler lesen die Fragen, schreiben sie ab und beantworten sie schriftlich mit Hilfe des Wörterbuches.
- *Mündliche Vorgehensweise:* Die Karten liegen als Stapel verdeckt auf dem Tisch, die Mitspieler sitzen darum herum. Ein Kind nimmt eine Karte ab und erliest sie. Kann es sie richtig vorlesen und beantworten, bekommt es einen Punkt (Muggelstein, Knopf u.Ä.). Die Karte wird wieder unten in den Kartenstapel eingeordnet und der nächste Spieler ist an der Reihe. Wird die Aufgabe nicht gelöst, wird beim Lesen und Antworten geholfen und es gibt keinen Punkt. Die Karte wandert wiederum unter den Stapel.

Gewonnen hat, wer am meisten Punkte erworben hat.

- *Verwendung im Zusammenhang mit dem Spielplan »Der Spaziergang« (Baukasten 9):* Es gelten die Spielregeln, wie sie dazu auf Seite 177 beschrieben worden sind.

■ Das Frage-Antwort-Spiel

Material: Spielkarten des Frage-Antwort-Spiels (siehe die Seiten 247 bis 250)

Jeder Mitspieler bekommt eine Karte. Der Rest liegt gestapelt in der Mitte.
Der erste Spieler benennt einen Mitspieler und liest ihm die Frage seiner Spielkarte vor. Der Benannte antwortet mit der Antwort auf der Rückseite seiner Karte, benennt ein anderes Kind und stellt ihm die Frage von der Vorderseite seiner Spielkarte usw. Gelesene Spielkarten werden unter den Stapel geschoben. Sie werden jeweils durch die oberste Karte ersetzt.

Das Frage-Spiel

Was ist braun?	Was ist blau?
Was ist weiß?	Was ist weich?
Was ist klein?	Was ist groß?
Was ist sauer?	Was ist süß?
Wer hat 4 Beine?	Wer hat Stacheln?

Ebene 3

Das Frage-Spiel

Wer hat Federn?	Wer hat ein Fell?
Wer kann bellen?	Wer kann fliegen?
Wer kann schwimmen?	Wer kann klettern?
Was kann fahren?	Was kann leuchten?

Das Frage-Antwort-Spiel (Rückseite beachten)

Kannst du fliegen?	Kannst du reiten?
Kannst du küssen?	Kannst du kochen?
Kannst du bellen?	Kannst du singen?
Hast du einen Freund?	Hast du eine Freundin?
Hast du eine Katze?	Bist du mutig?

Ebene 3

Das Frage-Antwort-Spiel   Rückseite

Ja, zu Hause.   Ja, manchmal.

Ja, immer.   Ja, auf dem Klo.

Ja, im Traum.   Nur im Kino.

Nur im Auto.   Nur am Abend.

Wenn ich darf.   Ja, in der Nacht.

Das Frage-Antwort-Spiel (Rückseite beachten)

Bist du schlau?	Bist du frech?
Magst du Schweine?	Magst du Schafe?
Isst du gern Reis?	Isst du gern Eis?
Wäschst du dich gern?	Spielst du gern?

Ebene 3

Das Frage-Antwort-Spiel Rückseite

Nein, das mag ich nicht.

Nein, das darf ich nicht.

Nein, das will ich nicht.

Nein, das ist doof.

Nein, das ist nicht gut.

Nur im Fernsehen.

Ja, das ist gut.

Ja, das muss ich.

Die Busfahrt

Material: Spielplan des Busfahrt-Spiels (siehe die Seiten 252 und 253), dazugehörige Aktionskarten (siehe Seite 254), Setzfiguren für jeden Mitspieler, Würfel, Papier und Stift zum Zeichnen

Von der linken Spielplanhälfte den rechten Rand abschneiden. Beide Planhälften passgenau zusammenkleben. Anmalen der Abbildungen und weiteres Bemalen der Spielfläche sind erwünscht!

Aktionskarten mischen und verdeckt auf den Tisch legen. Die Spieler bringen ihre Setzfiguren (= Busse) an den Start, würfeln und setzen nach Augenzahl. Erreichen sie ein schwarzes Feld, befindet sich der Bus an einer Haltestelle und muss warten, bis der Spieler eine Aktionskarte genommen hat, die darauf stehende Aufforderung gelesen und entsprechend gehandelt hat. Wenn alles richtig gemacht worden ist, darf der Bus weiterfahren, d.h.: ein Feld vorrücken. Wird beim Lesen und Verstehen Hilfe gebraucht, bleibt die Setzfigur auf dem erwürfelten Feld (an der Haltestelle) stehen.

Benutzte Aktionskarten werden wieder unter den Stapel geschoben.

Gewonnen hat, wer als Erster das Ziel (= den ZOB) erreicht.

Variationen:
- Die Fragen des »Fragespiels« (siehe Seite 244) ersetzen die Aktionskarten.
- Die Aufforderungen auf den Aktionskarten werden erneuert, wenn die Kinder sie genügend kennen.

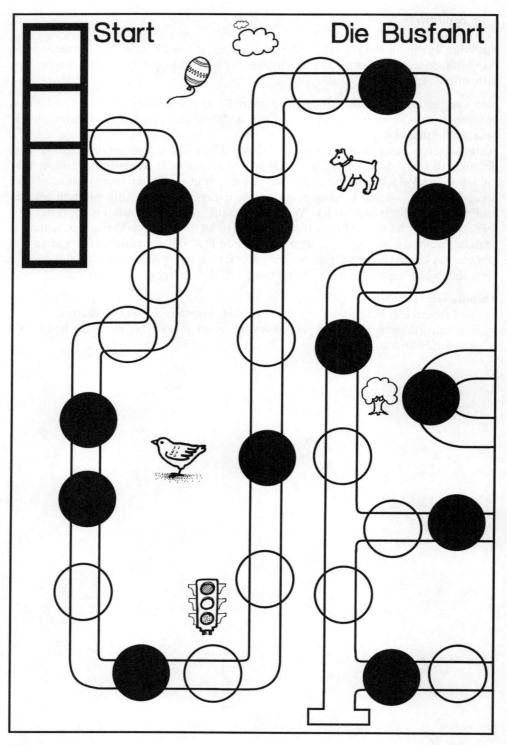

Spielplan

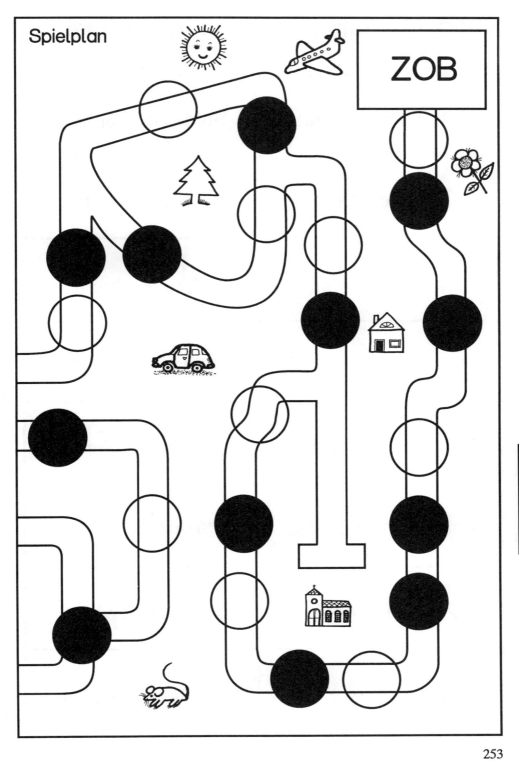

Aktionskarten für das Busfahrt-Spiel

Male eine Blume!	Hole eine Kreide!
Male ein Herz!	Hole ein Heft!
Male einen Stern!	Hole ein Buch!
Sage deinen Namen!	Sage "Guten Morgen"!
Laufe um den Tisch!	Laufe zur Tür!
Zeige deine Schuhe!	Zeige deinen Daumen!
Zähle bis zehn!	Zähle bis zwölf!
Tausche deinen Stuhl!	Tausche deinen Platz!

Der Fragebogen

Material: Fragebogen (siehe Seite 256)

Fragen Sie vor dem Vervielfältigen die Eltern, ob ihnen die Bekanntgabe ihrer Telefonnummer in der Klasse recht sei. Wenn nicht, decken Sie beim Kopieren die entsprechende Zeile auf dem Fragebogen ab.

Den Fragebogen in der Gruppe lesen und besprechen. Die Kinder beantworten die Fragen mündlich, so weit sie können.

Erklären Sie Ihren Lehrertisch zum »Auskunftsbüro«. Sie haben sich aus den Personalbögen der Schüler alle für die ersten acht Angaben notwendigen Daten herausgeschrieben und sind zur Auskunft bereit.

Die Schüler bekommen die Aufgabe, den Fragebogen bis zur gestrichelten Linie auszufüllen. Was ihnen unbekannt ist, können sie beim »Auskunftsbüro« erfragen (Bitte anstellen!).

Zur Beantwortung der Fragen des zweiten Teils des Fragebogens brauchen Sie eine Personenwaage und einen Zollstock, damit die Schüler gewogen und gemessen werden können. Erklären Sie den Kindern die Maßeinheiten und ihre Schreibweisen: kg und cm, wiegen und messen Sie sie und geben Sie ihnen die Aufgabe, auch die letzten Fragen schriftlich zu beantworten.

Die beantworteten Fragebögen werden in einem Gesprächskreis vorgelesen und verglichen.

Erweiterung:

Mein Plakat
Der ausgefüllte Fragebogen kann Grundlage für ein Selbstdarstellungsplakat der Schüler werden. Er wird von jedem Kind auf ein plakatgroßes Papier geklebt, das mit weiteren Informationen über den Einzelnen gefüllt werden soll: bildnerische Selbstdarstellung; Foto(s); Finger- und Fußabdrücke; Handumrandung (zum Handschuh ausgemalt?); schriftliche und/oder bildhafte Auflistung von allem, was das Kind gern hat; und und und. Besprechen Sie mit Ihren Schülern, was sie bereit sind, von sich auf einem Plakat zu zeigen!

Angaben zur Person

Name: _____

Wohnort: _____

Straße: _____

Haus-Nummer: _____

Telefon-Nummer: _____

Name der Mutter: _____

Name des Vaters: _____

Namen der Geschwister: _____

_____

Größe: _____

Schuhgröße: _____

Gewicht: _____

Farbe der Augen: _____

Farbe der Haare: _____

Zusätzlich zu verwendende, käufliche Arbeitsmittel

Hier gilt – wie auch zuvor –, dass Sie zusätzliche Arbeitsmittel benutzen *können,* aber nicht *müssen.*

Fragen Sie vor dem Kauf in Ihrer Schule, ob das eine oder andere Material nicht schon vorhanden ist.
Wenn Sie für den Baukasten 9 (Wortlesetraining) Arbeitsmittel gekauft haben: Einige dieser Vorschläge beziehen sich auf dieselben Materialien!

1. Zum mini-LÜK-Arbeitsgerät (Kontrollplatte):
   - Spaß mit Wörtern 1 (ab Seite 14)
   - Leseübungen 2
   (Die mini-LÜK-Übungshefte erscheinen im Westermann Verlag, Braunschweig)

2. Heiner Müller: Leseblätter mit Selbstkontrolle (ab Seite 17)
   (Zu beziehen beim Verlag Sigrid Persen, Horneburg/Niederelbe)

3. Darmstädter Freinetgruppe: Lesekartei (die Seiten mit einzelnen Sätzen und kleinen Texten)
   (Zu beziehen bei der Pädagogik-Kooperative, Bremen)

4. Günter Schleisiek und Hans Weber: Lesetraining – Sinnentnahme 1
   (Erschienen im Verlag Cornelsen/Hirschgraben, Frankfurt)

5. Almuth Bartl: Fröhliche Lesespiele für die erste Klasse, Heft 1 + 2 (Erschienen im Verlag Tessloff, Nürnberg)

6. Helene Will-Beuermann u.a.: Bunte Leseübungen »Vom Wort zum Satz« und »Vom Satz zum Text« (siehe Schrodel-Verlag)

7. Heiner Müller: Lesepuzzles und Lesedominos (ab Seite 19)
   (Verlag Sigrid Persen, Horneburg/Niederelbe)

8. Wilfried Metze: Lese-Mal-Blätter zum sinnerfassenden Lesen: Tobi-Fibel
   (Cornelsen-Verlag)

9. Christa Melzian u.a.: Lesehefte zum Selbermachen
   (siehe Verlag Sigrid Persen, Horneburg/Niederelbe)

10. Nikolas Thanos: Hurra! Jetzt kann ich lesen!
    (zu bestellen bei N. Thanos, Hörderstr. 33, 38355 Witten)

Baukasten 15
Eigene Sätze/Texte schreiben

■ Sachunterricht und gemeinsamer/eigener Text

Material: Papier oder Hefte im DIN-A4-Format, Stifte

Im Sachunterricht gibt es viele Möglichkeiten, Texte zu entwerfen und zu schreiben. Ob das gemeinsam angegangen wird oder von jedem Schüler selbstständig bewältigt werden kann, sollte die Lehrkraft von Thema zu Thema entscheiden. Am Anfang ist es sicher ratsam, die Texte zusammen an der Tafel zu entwerfen, damit die Kinder sich nicht überfordert fühlen.

Denken Sie beim selbstständigen Schreiben der Schüler daran, dass es bei dieser Tätigkeit nicht primär um exakte Rechtschreibung geht! Achten Sie nur darauf, dass die Wörter des klasseneigenen Wortschatzes richtig wiedergegeben werden und dass die Regeln des Verschriftens eingehalten werden. (Näheres darüber siehe unter »Schreiben und Schreiben lernen«, Seite 21.)

Gemeinsamer Textentwurf – ein Beispiel

Das Beispiel auf Seite 259 ist ein Kompromiss aus den beiden Möglichkeiten: gemeinsames und selbstständiges Schreiben. Es entstand im Rahmen des Unterrichtsthemas: »Frühstück«, das damit begann, dass die Schüler beim täglichen, gemeinsamen Frühstück ihre mitgebrachten Esssachen benannten und verglichen. Sie tranken dabei warmen Kakao.

In der folgenden Stunde stand an der Tafel: »Mein Frühstück.« Die Kinder lasen es und machten Vorschläge, was dazugeschrieben werden könnte. Selbstverständlich hatte jeder andere Vorschläge. Die einzigen Wörter, auf die sie sich einigen konnten, hießen: »Ich trinke ...«, »Ich esse ...«.

Sie wurden als Satzanfänge unter die Überschrift »Mein Frühstück« geschrieben. Jedes Kind bekam die Aufgabe, das Geschriebene abzuschreiben und für sich selbst zu vervollständigen. Es durfte den Lehrer fragen, wenn es Unsicherheiten bei der Schreibung hatte.

Nach dem Schreiben sollte das beschriebene Frühstück gezeichnet werden.

Montag, 17. Februar
Mein Frühstück
Ich trinke Kakao.
Ich esse Pudding.

Beispiel: Projekt „Frühstück"

Eigener Text – ein Beispiel

Drei Monate später entstand das Beispiel auf Seite 261. Die Schüler waren schon sicherer beim Schreiben und verfassten ihre Texte selbst.
Das Thema der Woche hieß: »Die Schnecke«, und die Schüler hatten auf dem Garten- und Wiesengelände der Schule Schnecken beobachtet und gesammelt, um sie einige Tage im Terrarium in der Klasse zu haben.

Die Schüler lernten in diesen Tagen viel über das Aussehen und das Leben der Schnecken. Jeder sollte danach aufschreiben und zeichnen, was er für wichtig hielt. Der Verfasser des Textes von Seite 261 entschied sich für: »Die Schnecke Krapelt ontan rasen« (Die Schnecke krabbelt unterm Rasen).

Montag, 18. Mai
Die Schnecke Kraput
anfam varen.

Beispiel: „Projekt Schnecke"

Ebene 3

■ Das (Wochenend-)Tagebuch

Material: Pro Schüler ein Heft (Format DINA4) und Stifte

Nach einem Wochenende gibt es meistens viel zu erzählen! Gesprächskreise am Montagmorgen reichen oft nicht aus, um alles Wichtige zu berichten. Häufig verlieren die Zuhörer nach längerer Zeit des Sitzens die Geduld, sich alle Erlebnisse der anderen anzuhören. Da ist das Schreiben eines Wochenend-Tagebuches eine gute Alternative!

Geben Sie jedem Kind ein großformatiges Heft, das »Tagebuch« oder – allgemeiner – »Geschichtenheft« genannt wird.

Die Kinder schreiben nach den Wochenenden Erlebtes auf, malen dazu und legen die aufgeschlagenen Hefte für die anderen Kinder sichtbar aus. Solche Texte und Bilder regen zu Fragen und Gesprächen untereinander an.

Ähnlich wie beim »Sachunterricht und gemeinsamer/eigener Text« (siehe Seite 258) geht es beim Tagebuchschreiben mehr um Verschriften von Sprache als um Rechtschreibung. Die Beispielseite zum Tagebuch (siehe Seite 263) enthält mehrere Rechtschreibfehler, die in dieser Schreibphase uninteressant sind und unangesprochen bleiben, z.B.:

- beliebig wechselnde Groß-/Kleinschreibung,
- keine eindeutige Worttrennung,
- d-t-Verwechslung im Auslaut.

Die i-e-Verwechslung bei den Wörtern »bin, mit, im« und das Weglassen von »-em« beim Wort »meinem« waren bei dem Schreiber sprachlich bedingt: Er schrieb, wie er sprach. Damit wurde die Schreibweise zunächst als richtig angesehen in der Hoffnung, dass zunehmendes Sprach- und Rechtschreibbewusstsein dem Schüler weiterhelfen würden.

Erweiterung:

Im Laufe der Zeit werden die Schüler nicht nur nach Wochenenden in dieses Heft malen und schreiben wollen, sodass es sich zum allgemeinen »Tagebuch« oder »Geschichtenheft« entwickeln kann.

Dienstag, 4. Februar
ich Ben Met mein freunt Em Kino
Gewesen.

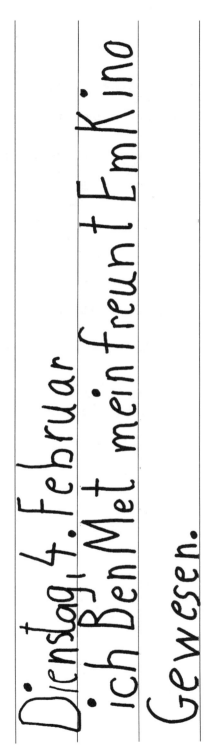

Das Wochenendtagebuch: Beispielseite

Ebene 3

Sprechreizbilder verschriften

Material: Mehrere Bilder, Kleber, Hefte, Stifte

Sprechreizbilder sollen – wie der Name sagt – zum Sprechen reizen. Sie finden sie z.B. in Comic-Heften, in Fernsehzeitschriften (Kinder- oder Musiksendungen), in alten Leselehrgängen, in Zeitungen und Zeitschriften, in Katalogen, in der Spielzeugabteilung der Warenhäuser. Sammeln Sie sie!

Bringen Sie ungefähr doppelt so viel Bilder mit, wie Schüler in der Klasse sind (Überangebot, um eine Wahl zu ermöglichen) und lassen Sie jedes Kind ein Bild aussuchen. Die Schüler kleben ihr Lieblingsbild in ein Schreibheft und schreiben dazu (Aufforderungsmöglichkeiten: »Was passiert da?«, »Was meinst du dazu?«, »Was siehst du da alles?«).

Erweiterungsmöglichkeit:

Suchen Sie Ihren Kindern Bildergeschichten aus.
Zeigen Sie Ihnen durch eine gemeinsame Aktion die Vorgehensweise bei Bilderreihen:
Jedes Bild wird mit mindestens einem Satz beschriftet, sodass am Schluss eine kleine Geschichte entstanden ist.

Später versuchen die Kinder, eigene Texte zu ausgewählten Bildergeschichten zu schreiben.

Die Pinnwand

Material: Eine Korktafel, Papiere, Stifte

Vielen Kindern sind öffentliche Aushangtafeln bekannt (z.B. aus Warenhäusern oder Waschsalons), an denen Gesuche oder Verkaufsangebote zu finden sind. Einige kennen vielleicht auch eine Pinnwand aus dem eigenen Elternhaus: eine Korktafel, an die alles gehängt wird, was nicht vergessen oder verlegt werden soll.

Die Pinnwand in der Klasse kann eine Mischung aus beiden Möglichkeiten werden. Besprechen Sie mit Ihren Schülern, was dort bekannt gegeben werden kann. Z.B.:

- *Gesuche:*
- Anna sucht ihren Turnbeutel. Wer hat ihn gesehen?
- Fred sucht einen Begleiter zum Dom. Wer kommt mit?
- Joana sucht Kleider für ihre Puppe. Wer kann welche verschenken?
- Peter sucht einen Freund zum Spielen. Wer kommt?
- Der Lehrer sucht Schüler, die mit in die Leihbücherei kommen.
- Der Hausmeister sucht Kinder, die beim Laubfegen helfen.

- *Angebote:*
- Ritas Hund hat Junge bekommen. Wer darf einen mit nach Hause nehmen?
- Susanne möchte Sticker tauschen. Wer hat auch Lust dazu?
- Dirk hat ein Videospiel geschenkt bekommen. Wer hat Lust zum Mitspielen?
- Der Lehrer hat Gutscheine für verbilligte Zirkuskarten. Wer kann sie gebrauchen?

An dieser Stelle können auch alle gedruckten Einladungen aus der Wohnumgebung der Kinder ausgehängt werden: Kinderfest bei der Feuerwehr, »Haus der offenen Tür« bei der Post, Vorlesestunden in der Leihbücherei u.a.m.

Das Interesse an einer Pinnwand kommt schnell zum Erliegen, wenn nichts Neues daran erscheint, oder wenn das Angebot nicht lockt. Regen Sie Ihre Schüler von Zeit zu Zeit zum Lesen und Weiterschreiben an, indem *Sie* verstärkt Gesuche und Angebote befestigen.

Briefe/Postkarten schreiben

Das Schreiben als Kommunikationsmittel ist nicht mehr vielen Kindern aus dem Elternhaus bekannt. Das Telefon hat die Briefe verdrängt. Hin und wieder bringt der Postbote Urlaubsgrüße, aber öfter steckt er Rechnungen oder Werbung in den Briefkasten. Lassen Sie das Briefeschreiben in Ihrer Klasse wieder aufleben!

Klasseninterne Briefe

Schreiben *Sie* einzelnen Schülern. Zum Beispiel,
- um ihnen zu danken;
- um sie zu loben;
- um ihnen etwas mitzuteilen;
- um etwas zu fragen;
- um einen besonderen Auftrag zu erteilen;
- um ihnen etwas zu erzählen;
- um sie auf etwas aufmerksam zu machen.

Nehmen Sie für diese kleinen Briefchen (ohne Umschlag) immer wieder das gleiche Papier (das für alle erreichbar ausliegt). Beginnen Sie jedesmal in Briefform mit »Liebe/r ...« und enden Sie mit Grüßen und Ihrem Namen. Die Schüler werden diese Form der Kommunikation nach einiger Zeit aufgreifen und auch Ihnen schreiben, weil sie so jedesmal Beachtung finden und eine direkte Beziehung zu Ihnen herstellen können.

Postkarten und Briefe zu Schülern in anderen Städten

Versuchen Sie Kontakt aufzunehmen zu einer Lehrkraft, die in einer anderen Stadt eine Klasse mit Kindern der gleichen Altersstufe unterrichtet.
Suchen Sie mit Ihren Schülern Ansichtskarten aus Ihrer Region aus und zeigen Sie ihnen, wie Grußkarten beschriftet werden. Lassen Sie die Karten an einzelne Schüler der anderen Klasse adressieren und schicken Sie sie in einem großen Umschlag an den Lehrer der Klasse, damit die Aktion nicht zu teuer wird.

Wenn eine Antwort mit der Post gekommen ist, besprechen Sie mit Ihren Schülern, wie der Kontakt weiter ausgebaut werden kann. Machen Sie Vorschläge, z.B.:
- Jeder Schüler klebt ein Foto von sich auf und schreibt über sich.
- Der Lehrer bringt Reiseprospekte aus der eigenen Region mit. Die Schüler suchen sich Fotos aus, kleben sie auf und schreiben dazu.
- Die Schüler zeichnen oder malen Häuser, Berge, Flüsse u.Ä. aus ihrer Umgebung und schreiben dazu.

Variationen:

- Sprechen Sie mit eigenen Freunden, Bekannten und Verwandten aus anderen Regionen ab, dass sie auf Briefe Ihrer Schüler antworten werden. Geben Sie den Schülern ihre Namen und Anschriften und lassen Sie ihnen schreiben.
- Lassen Sie die Schüler Anfragen an Fremdenverkehrsvereine schreiben. Sie antworten.
- Lassen Sie Schüler zu Weihnachten an die Postämter in 21709 Himmelpforten oder 97267 Himmelsthür schreiben. Sie sind darauf eingestellt und schreiben zurück.

Baukasten 16
Bücher für Leseanfänger

Welche Bücher sind empfehlenswert?

Obwohl es inzwischen viele Bücher gibt, die für Leseanfänger konzipiert sind, ist es schwer, solche zu finden, an denen auch Schüler Spaß haben, für die das Lesen noch Anstrengung bedeutet. Die meisten überfordern diese Kinder,
– weil die Textmenge zu groß ist;
– weil die Satzmuster fremd sind;
– weil schwierig zu erlesende Wörter benutzt werden;
– weil die Schrift, die Wort- und Zeilenabstände zu klein sind.

Wir müssen auf die Suche gehen, wenn wir Bücher finden wollen, die unseren Schülern entgegenkommen. Sie sollten am Anfang nicht mehr als einen Satz pro Bild oder Seite aufweisen und trotzdem inhaltlich nicht nur für Vorschulkinder von Interesse sein.

Die folgende Liste zeigt eine kleine Auswahl möglicher Bücher. Sie sind unterschiedlicher Art und Herkunft. Die Zusammenstellung hat keinerlei Anspruch auf Vollständigkeit. Sie soll Beispiele geben und zum weiteren Suchen anregen.

Bücher aus dem schulischen Bereich:

Ballhorn, H. u.a. (Hrsg.): »Regenbogen-Bücher«, Schuber A (15 Büchlein der Lesestufen 1 bis 3), Schuber B (25 Büchlein der Lesestufen 1 bis 5), Pädagogische Medien, Hamburg.
Bartnitzky, K. (Hrsg.): »Lesehefte für die Grundschule« (10 Hefte), Klett, Stuttgart.

Bilderbücher mit Mini-Text:

Carle, E. »Die kleine Raupe Nimmersatt« und »Die kleine Maus sucht einen Freund«, »Das Geheimnis der acht Zeichen«, Gerstenberg, Hildesheim.
Wittkamp, F. »Oben in der Rumpelkammer« und »Du bist da, und ich bin hier«, Beltz & Gelberg, Weinheim.
Wittkamp, J. und f. »Guten Morgen, mein Mäuschen«, Beltz & Gelberg, Weinheim.
Landström, O. und L. »Nisses neue Mütze« und »Nisse beim Friseur«, Oetinger, Hamburg.
Lester, A. »Zum Frühstück Krokodile« und »Zum Nachtisch süße Schlangen«, Beltz & Gelberg, Weinheim.
Guggenmoos, J., Karl, G. »Es gingen drei Kinder durch den Wald«, Beltz & Gelberg, Weinheim.

Aus der Reihe »Mein erstes Sach- Klapp- Bilderbuch«:

O'Brien, T. »Tiere des Meeres«, »Tiere im Dschungel«, »Tiere der Wildnis«, »Tiere auf dem Bauernhof«, Siebert, München.
Lionni, L. »Das kleine Blau und das kleine Gelb«, Oetinger, Hamburg.

Aus der Reihe »Raten, Spielen, Lernen«:

Astrop, C. und J. »Alle Vögel«, Carlsen, Hamburg.

Hosentaschenbücher:

Marks, M. »Es war einmal ein Mädchen«, »Sichelmond und Sterne«, »Nudeln mit Tomatensoße«, Beltz & Gelberg, Weinheim.

Titel aus der Reihe PIXI-Bücher:

Bryant, D. u. Breeze, L. »Heute geh ich zu meiner Oma«, »Heute geh ich im Regen spazieren«, »Heute geh ich Schuhe kaufen«, »Heute geht ich auf den Bauernhof«.
Türk, H. »Philipp, eine Maus wie du und ich« (8 Hefte).
Wolde G. »Karin und Karin Anders«, Carlsen, Hamburg.

Die folgenden Bücher sind für Kinder, die schon ein bißchen mehr lesen können (2 bis 3 Sätze oder einen längeren Satz mit Nebensätzen pro Bild/Seite):

Blake, J. und Scheffler, A. »He Duda«, Beltz & Gelberg, Weinheim.
Klages, S. »Es war einmal ein kleines Mädchen«, Beltz & Gelberg, Weinheim.
Könncke, O. »Dr. Dodos Weltreise«, Oetinger, Hamburg.
Waddell, M. und Barton, J. »Die lustige Igelbande«, Sauerländer, Frankfurt.
Dros, I. und Geelen, H. »Ich will die!«, Middelhauve, Köln.
Junge, N. und Köster, St. »Nix Kuckuck«, Beltz & Gelberg, Weinheim.
Moser, E. »Der Dachs schreibt hier bei Kerzenlicht«, Beltz & Gelberg, Weinheim.
Moser, E. »Manuel & Didi
– und die Baumhütte«,
– und der fliegende Hut«,
– und der Schneemensch«,
– Der blaue Turban«,
– Der große Pilz«,
– Der Lehnstuhl«,
– Das Maisauto«,
– Die Schneekatze«,
Beltz & Gelberg, Weinheim.

Aus der Reihe »Reinbeker Kinderbücher«:

Cole, B. »Prinzessin Pfiffigunde«, Carlsen, Hamburg.
Aus der Reihe »Ravensburger Ringelfant« (6 Bücher), z.B.:

Heine, H. »Der Superhase«,
Hissey, J. »Der alte Bär«,
Schubert, D. »Eine Rabengeschichte«, Otto Maier, Ravensburg.

Aus der Reihe »Ich kann lesen«:

Gage, W. und Stevenson, J. »Kulli-Kulli und der Bär«,
Mozelle, Sh. und Müller, H. »Oskar und das Krokodil«, Otto Maier, Ravensburg.

Aus der Reihe »dtv junior Lesebär«:

Andresen, U. und Opel-Götz, S. »Mama findet alles«, dtv, München.

Tips zur Einrichtung der ersten Klassenbibliothek

Nicht jede Schule verfügt über eine gute Schülerbücherei, aus der alles zu entleihen ist. Trotzdem lässt sich eine Anfangsbibliothek ohne allzu großen Kostenaufwand zusammenstellen. Hier ein paar Tips:

– Bestehen Sie nicht darauf, dass jedes Buch in Klassenstärke vorhanden ist. Ein bis zwei Exemplare reichen aus, denn es müssen und wollen nicht alle Kinder gleichzeitig das gleiche Buch lesen.
– Gehen Sie in den Lernmittelraum Ihrer Schule und nehmen Sie die gebundenen Fibeln und Leselehrgänge in ein- bis zweifacher Ausführung mit.
– Schauen Sie in die Schulbibliothek und entleihen Sie bebilderte Kinderlexika und interessante Bilderbücher mit wenig Text.
– Fragen Sie, ob und wann Sie Vorschläge zur Erweiterung der Schulbibliothek machen dürfen. Manchmal stehen der Schule noch Restgelder zur Verfügung, die auf diese Weise sinnvoll ausgegeben werden können.
– Fragen Sie Kollegen früherer Anfangsklassen, ob sie empfehlenswerte Bücher haben. Manchmal sind nicht alle Materialien wieder in die Schulbücherei zurückgekehrt und kommen auf diesen Weg wieder zum Vorschein. Einige Kollegen haben das eine oder andere schöne Buch auch privat (für eigene Kinder, die inzwischen groß sind?) gekauft und stellen es vielleicht zur Verfügung.
– Schauen Sie sich im eigenen Freundes- und Verwandtenkreis nach Familien mit Kindern um, die dem Erstlesealter entwachsen sind. Fragen Sie, ob die Kinder das eine oder andere Buch entbehren können und es den Schülern Ihrer Klasse spenden wollen.
– Suchen Sie die nächste öffentliche Bücherhalle auf und entleihen Sie dort bebilderte Lexika und brauchbare Bilderbücher. Versuchen Sie, eine Ausleihe auf längere Zeit zu bekommen.
– Bitten Sie die Eltern Ihrer Schüler um eine Spende für die Klassenbibliothek.
– Besuchen Sie »Flohmärkte« und kaufen Sie dort preiswerte Angebote aus zweiter Hand.

– Bringen Sie Ihren Schülern selbst hin und wieder ein Hosentaschenbuch mit. Es kostet nicht viel!

Wo, wie und wann lesen die Schüler?

Richten Sie, wenn es räumlich irgendwie zu ermöglichen ist, eine gemütliche Leseecke im Klassenzimmer ein.

Zum Lesen braucht man Ruhe. In der Leseecke ist deshalb nur leises Sprechen erlaubt. Hier darf weder getobt, noch laut gestritten werden.

Schreiben Sie im Stundenplan eine Lesezeit fest. Es muss nicht immer eine ganze Schulstunde sein.

Erlauben Sie den Schülern aber auch, in die Leseecke zu gehen, wenn sie die im Unterricht gestellten Arbeitsaufträge vorzeitig beendet haben. Ein vielseitiges Angebot interessanter Lesematerialien, das dem Leseniveau der Kinder entspricht, wird Schüler anlocken (auch diejenigen, die aus ihrem Elternhaus kaum Bücher kennen).

Setzen Sie sich, so oft Sie können, zu dem einen oder anderen Schüler und lesen Sie mit ihm zusammen. Helfen Sie ihm bei schwierigen Wörtern und sprechen Sie mit ihm über die Texte.

Kinder lesen gern zu zweit. Lassen Sie sie auf Wunsch paarweise lesen, damit sie sich gegenseitig helfen und austauschen können.

Legen Sie eine Karte aus festem Karton in jedes Buch, auf der zwei, drei Fragen zum Textinhalt stehen. Besprechen Sie mit den Schülern, wie und in welches Heft die Fragen schriftlich beantwortet werden sollen.

Anhang

Wortkarten – alphabetisch geordnet

Affe	Ananas	Ameise	A
Ampel	Apfel	Arm	A
Äpfel			Ä
Auge	Auto		Au
Ball	Banane	Baum	B
Beil	Bein	Birne	B
Blume	Brot	Buch	B
Clown	Computer		C
Chinese			Ch
Dackel	Dose	Drachen	D
drei	Dusche		D

Wortkarten – alphabetisch geordnet

Elefant	elf	Engel	E
Ente	Esel		E
Ei	Eichhörnchen	Eimer	Ei
eins	Eis		Ei
Eule			Eu
Fahne	Feder	Fisch	F
Flasche	Flugzeug		F
Gabel	Gießkanne	Gitarre	G
Glas	Glocke		G
Hammer	Hand	Hase	H
Haus	Herz	Hose	H

Wortkarten – alphabetisch geordnet

Huhn	Hund		H
Igel	Indianer	Insel	I
Jacke	Jogurt	Junge	J
Kamm	Kanne	Kerze	K
Kirche	Kirschen	Kuchen	K
Lampe	Leiter	Löffel	L
Löwe	Luftballon		L
Mädchen	Maus	Messer	M
Mofa	Mond	Mund	M
Nadel	Nagel	Nase	N
Nashorn	Nest	Nuss	N

Wortkarten – alphabetisch geordnet

Obst	Ohr	Ohrring	O
Orchidee	Ordner	Osterei	O
Öfen			Ö
Pilz	Pinsel	Pudelmütze	P
Puppe			P
Pfanne	Pfeife	Pfeil	Pf
Quadrat	Qualle	Quast	Q
Rad	Radio	Rakete	R
Ring	Rose		R
Säge	Seife	Sessel	S
Sofa	Sonne		S

Wortkarten – alphabetisch geordnet

Schaf	Schere	Schiff	Sch
Schirm	Schwein		Sch
Sparschwein	Spiegel	Spinne	Sp
Stern	Storch	Streichhölzer	St
Stuhl			St
Tanne	Tasse	Telefon	T
Teller	Tiger	Tisch	T
Tomate			T
Uhr	Uhu	Unterhemd	U
Überfall			Ü
Vase	vier	Vogel	V

Wortkarten – alphabetisch geordnet

Weintrauben	Wellen	Wolken	W
Wurst			W
Xylophon			X
Zange	Zaun	Zitronen	Z
Zug			Z

Bilder – alphabetisch geordnet
(Rückseite beachten)

Rückseite

| Ameise | Ananas | Affe |

| Arm | Apfel | Ampel |

| | | Äpfel |

| | Auto | Auge |

Bilder – alphabetisch geordnet
(Rückseite beachten)

Rückseite

Baum	Banane	Ball
Birne	Bein	Beil
Buch	Brot	Blume
	Computer	Clown

Bilder - alphabetisch geordnet
(Rückseite beachten)

Rückseite

		Chinese
Drachen	Dose	Dackel
	Dusche	drei
Engel	elf	Elefant

Bilder – alphabetisch geordnet
(Rückseite beachten)

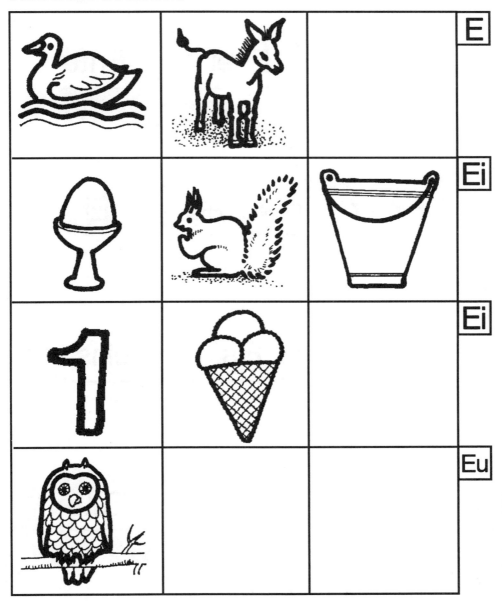

Rückseite

Esel Ente

Eimer Eichhörnchen Ei

Eis eins

Eule

Bilder – alphabetisch geordnet
(Rückseite beachten)

Rückseite

Fisch	Feder	Fahne
	Flugzeug	Flasche
Gitarre	Gießkanne	Gabel
	Glocke	Glas

Bilder – alphabetisch geordnet
(Rückseite beachten)

Rückseite

Hase	Hand	Hammer
Hose	Herz	Haus
	Hund	Huhn
Insel	Indianer	Igel

Bilder – alphabetisch geordnet
(Rückseite beachten)

Rückseite

| Junge | Jogurt | Jacke |

| Kerze | Kanne | Kamm |

| Kuchen | Kirschen | Kirche |

| Löffel | Leiter | Lampe |

Bilder – alphabetisch geordnet
(Rückseite beachten)

Rückseite

	Luftballon	Löwe
Messer	Maus	Mädchen
Mund	Mond	Mofa
Nase	Nagel	Nadel

Bilder – alphabetisch geordnet
(Rückseite beachten)

Rückseite

| Nuss | Nest | Nashorn |

| Ohrring | Ohr | Obst |

| Osterei | Ordner | Orchidee |

Öfen

Bilder – alphabetisch geordnet
(Rückseite beachten)

Rückseite

| Pudelmütze | Pinsel | Pilz |

Puppe

| Pfeil | Pfeife | Pfanne |

| Quast | Qualle | Quadrat |

Bilder – alphabetisch geordnet
(Rückseite beachten)

			R
			R
			S
			S

Rückseite

| Rakete | Radio | Rad |

| | Rose | Ring |

| Sessel | Seife | Säge |

| | Sonne | Sofa |

Bilder - alphabetisch geordnet
(Rückseite beachten)

Anhang

Rückseite

Schiff	Schere	Schaf
	Schwein	Schirm
Spinne	Spiegel	Sparschwein
Streichhölzer	Storch	Stern

Bilder - alphabetisch geordnet
(Rückseite beachten)

Rückseite

Stuhl

Telefon   Tasse   Tanne

Tisch   Tiger   Teller

Tomate

Bilder – alphabetisch geordnet
(Rückseite beachten)

Rückseite

| Unterhemd | Uhu | Uhr |

| | | Überfall |

| Vogel | vier | Vase |

| Wolken | Wellen | Weintrauben |

Bilder – alphabetisch geordnet
(Rückseite beachten)

Anhang

Rückseite

Wurst

Xylophon

Zitronen Zaun Zange

Zug

Alphabetische Liste der am häufigsten gebrauchten Schülerwörter

412 Lexeme (Stammwörter), denen die benutzten flektierten Formen zugerechnet wurden plus 183 unregelmäßige Flexionsformen.

Hinter jedem Wort steht die Zahl, die angibt, wie oft es von den Schülern genannt worden ist.

A, a		gebissen	10	der	1288	F, f		gab	35
ab	33	bekommen	73	des	23	fahren	170	gibt	23
Abend	30	bekam	29	dich	51	fährt	29	Geburtstag	47
abends	28	Berg	16	die	1529	fuhr	21	gefallen	17
aber	343	Bett	65	dies	32	Fahrrad	20	gefällt	6
Affe	24	Biene	21	dir	33	Fahrräder	0	gefiel	3
all	174	bis	68	doch	125	fallen	70	gegen	20
allein	41	bisschen	17	dort	54	fällt	10	gehen	544
als	331	bitte	18	Drache	33	fiel	35	ging	205
also	16	Blatt	15	draußen	19	Familie	15	gegangen	61
alt	60	Blätter	8	drei	42	fangen	57	Geist	22
älter	1	bleiben	33	du	255	fängt	9	Geld	22
am ältesten	0	blieb	11	dürfen	58	fing	14	genau	15
am	231	geblieben	4	darf	24	fast	19	gerade	31
an	227	Blume	46	durfte	15	Ferien	16	gern	37
andere	103	Boden	17	gedurft	0	fertig	23	lieber	10
Angst	40	Böden	0	durch	63	finden	89	am liebsten	1
Ängste	0	böse	24			findet	6	Geschichte	67
ankommen	18	brauchen	25	E, e		fand	34	Gespenst	40
antworten	27	brechen	17	Ei	17	gefunden	28	gestern	21
Apfel	17	brach	6	Eier	8	Fisch	41	gleich	35
Äpfel	3	bricht	2	ein	2000	fliegen	107	Glück	22
arm	21	gebrochen	6	einmal	341	flog	26	glücklich	26
ärmer	0	bringen	51	Eis	30	geflogen	12	groß	131
am ärmsten	0	brachte	16	Elefant	31	Fluss	15	größer	7
auch	194	gebracht	7	Eltern	53	Flüsse	2	am größten	7
auf	540	Bruder	30	Ende	29	fragen	100	grün	19
aufstehen	17	Brüder	2	endlich	22	Frau	78	gucken	44
aufwachen	21	Buch	16	er	907	fressen	34	gut	106
Auge	29	Bücher	2	erschrecken	21	fraß	6	besser	7
aus	214			erschrak	7	frisst	9	am besten	9
Auto	32	D, d		erschreckt	2	freuen	54		
		da	695	erschrickt	1	Freund	86	H, h	
B, b		dabei	27	erschrocken	3	Freundin	33	haben	1455
backen	17	damit	25	erst	39	froh	21	hat	458
Bär	32	danach	37	erste	27	Frosch	23	hatte	263
bald	29	dann	355	erzählen	32	Frösche	7	gehabt	19
Ball	33	darauf	19	es	810	für	71	halten	15
Bälle	0	das	743	Esel	47	füttern	15	hält	3
bauen	34	dass	213	essen	72	Fußball	21	hielt	5
Baum	55	davon	15	isst	9	Fußbälle	0	Hand	16
Bäume	14	dein	30	aß	3			Hände	1
bei	102	dem	328	gegessen	17	G, g		Hase	78
beide	39	den	601	Essen	18	ganz	172	Haus	238
beim	44	denken	57	etwas	50	gar	27	Häuser	4
Bein	25	dachte	36	euch	18	Garten	45	heiraten	21
beißen	16	gedacht	3			Gärten	1	heißen	117
biss	4	denn	97			geben	85	hieß	39

309

helfen	24	kann	78	Männer	11	Onkel	20	schwarz	27
half	3	konnte	84	Maus	74	Opa	19	schwärzer	0
hilft	3	gekonnt	0	Mäuse	0			am schwärzes-	
geholfen	7	kommen	449	Meer	18	*P, p*		ten	0
her	15	kam	229	mein	422	paar	24	Schwester	39
Herr	57	Kopf	29	meinen	51	Papa	22	schwimmen	24
herum	17	Köpfe	1	Mensch	46	Papagei	16	schwamm	1
heute	60	kriegen	46	merken	25	Pferd	71	geschwommen	0
Hexe	36			mich	126	Platz	15	See	30
hier	43	*L, l*		Minute	16	Plätze	1	sehen	265
Hilfe	15	lachen	39	mir	175	plötzlich	70	sah	118
hin	39	Land	15	mit	472	Polizei	18	sieht	26
hinein	18	Länder	1	mögen	50	Prinz	39	sehr	161
hinter	15	lang	28	mag	11	Prinzessin	22	sein	2133
hoch	26	länger	4	möchte	32			bin	16
höher	2	längster	0	mochte	2	*R, r*		bist	38
am höchsten	0	am längsten	0	gemocht	0	Räuber	20	ist	578
Höhle	15	lange	20	Morgen	41	raus	45	gewesen	1
hören	48	lassen	53	morgen	21	rein	16	seid	1
holen	66	lässt	7	morgens	18	reiten	22	sind	215
Hund	86	ließ	21	müssen	147	ritt	4	war	859
		laufen	76	muss	38	geritten	3	sein (Pron.)	202
I, i		läuft	8	musste	45	rennen	47	setzen	24
ich	1371	lief	36	gemusst	0	rannte	25	sich	328
ihm	71	laut	34	Mutter	194	gerannt	7	sie	1108
ihn	164	leben	72	Mütter	0	richtig	16	singen	16
ihr (Pers. Pro.)	119	legen	29	Mutti	30	rot	22	sang	1
ihr (Poss. Pro.)	145	Lehrer	24			Rücken	16	gesungen	3
im	311	lesen	20	*N, n*		rufen	79	sitzen	43
immer	121	las	3	na	15	rief	28	saß	14
in	679	liest	2	nach	239			gesessen	1
ins	128	letzte	23	Nacht	24	*S, s*		so	204
Insel	18	Leute	38	Nächte	0	Sache	20	sofort	22
		Licht	16	nächste	58	sagen	527	Sohn	21
J, j		lieb	33	Name	16	schauen	18	Söhne	0
ja	140	lieben	15	nehmen	92	Schiff	29	sollen	54
Jäger	24	liegen	65	nahm	43	schlafen	47	Sommer	23
jagen	17	lag	24	nimmt	7	schläft	10	Sonne	22
Jahr	60	gelegen	1	genommen	14	schlief	8	Sonntag	18
jede	57	Löwe	53	nein	40	Schlange	15	spät	34
jetzt	138	los	32	neu	29	Schloss	51	Spaß	17
Junge	76	Luft	16	nicht	394	Schlösser	0	Späße	0
		Lüfte	1	nichts	41	Schnee	29	spazieren	17
K, k		Lust	16	nie	31	Schneemann	33	spielen	194
Käfig	22	lustig	15	noch	199	Schneemänner	0	sprechen	21
Kaninchen	17			nun	70	schnell	53	sprach	7
kaputt	25	*M, m*		nur	68	schön	127	spricht	2
Kater	15	machen	220			schon	108	gesprochen	0
Katze	98	Mädchen	45	*O, o*		schreiben	31	springen	39
kaufen	43	mal	65	ob	29	schrieb	4	sprang	24
kein	115	malen	19	oben	20	geschrieben	10	gesprungen	5
Kind	120	Mama	55	oder	36	schreien	32	Stadt	29
Klasse	28	man	96	Ofen	16	schrie	18	Städte	1
klein	241	manchmal	19	oh	17	geschrien	5	Stall	15
können	242	Mann	123	Oma	44	Schule	99	Ställe	0

stehen	89	treffen	27	am meisten	5	wer	21	wütend	16
stand	42	traf	11	Vogel	61	werden	231		
gestanden	0	trifft	5	Vögel	21	wird	47	*Z, z*	
steigen	16	getroffen	2	voll	16	wurde	65	Zahn	16
stieg	8	Tür	42	vom	68	geworden	16	Zähne	5
gestiegen	0			von	182	werfen	16	zaubern	15
Stein	28	*U, u*		vor	102	warf	4	zehn	15
stellen	27	über	64	vorbei	21	wirft	0	Zeit	35
sterben	18	Uhr	46			geworfen	4	ziehen	29
starb	1	um	97	*W, w*		wie	144	zog	12
stirbt	1	und	2045	Wald	71	wieder	206	gezogen	4
gestorben	13	uns	113	Wälder	1	Wiese	18	Zimmer	21
Straße	24	unser	54	warten	25	Wind	15	Zirkus	15
Stück	15	unter	26	warum	28	wir	605	Zoo	16
Stunde	28			was	178	wissen	61	zu	419
suchen	57	*V, v*		Wasser	59	weiß	13	zuerst	19
		Vater	116	weg	56	wusste	19	zum	175
T, t		Väter	0	Weg	25	gewusst	0	zur	65
Tag	225	verlieren	18	Weihnachten	35	wo	46	zurück	32
Tier	39	verlor	0	weil	101	Woche	18	zusammen	29
toll	16	verloren	11	weinen	25	wohnen	34	zwei	73
Tor	16	verschwinden	15	weiß	27	wollen	270	Zwerg	15
tot	28	verschwand	2	weiter	33	will	62		
Traum	27	verschwunden	11	welche	15	Wolf	20		
Träume	4	viel	205	Welt	17	Wölfe	0		
traurig	48	mehr	103	wenn	138	wünschen	30		

Weiterführende Literatur

Ballhorn, H. u.a.: Welchen Übungswortschatz brauchen Schüler? In: Grundschule 15, 1983.
Bergk, M.: Leselernprozess und Erstlesewerke. Analyse des Schriftspracherwerbs und seiner Behinderungen mit Kategorien der Aneignungstheorien. Bochum 1980.
Bergk, M. u.a. (Hrsg.): Schulanfang ohne Fibeltrott. Bad Heilbrunn 1985.
Bergk, M.: Unterrichtspraxis Grundschule: Rechtschreibenlernen von Anfang an. Frankfurt/M. 1987.
Blumenstock, L.: Handbuch der Leseübungen. Weinheim 1991, 3. Auflage.
Blumenstock, L. u.a.: Freies und angeleitetes Schreiben. Weinheim 1993.
Böhm; O. u.a. (Hrsg.): Lesen und Schreiben in der Sonderschule. Weinheim/Basel 1983.
Brügelmann, H.: Die Schrift entdecken. Konstanz 1984.
Brügelmann, H.: Kinder auf dem Weg zur Schrift. Konstanz 1986, 2. Auflage.
Buchner; Chr.: Neues Lesen – Neues Lernen. Vom Lesefrust zur Leselust. Südergellersen 1991.
Dehn, M.: Zeit für die Schrift. Bochum 1990, 3. Auflage.
Gibson, E. J./Levin, H.: Die Psychologie des Lesens. Stuttgart 1980.
Hofer, A. (Hrsg.): Lesen lernen: Theorie und Unterricht. Düsseldorf 1976.
Klene, U. u.a.: Lernspiele im Deutschunterricht der Schule für Lernbehinderte, NLI-Bericht 38. Hildesheim 1990, 2. Auflage.
Mahlstedt, D.: Grundwortschatz und kindliche Schriftsprache. In: Diskussion Deutsch, Heft 81, Frankfurt, Februar 1985.
Mann, Chr.: Selbstbestimmtes Rechtschreiblernen. Weinheim/Basel 1991.
May, P.: Schriftaneignung als Problemlösung. Analyse des Lesen(lernen)s mit Kategorien der Theorie des Problemlösens. Frankfurt 1986.
Reichen, J.: Lesen durch Schreiben. Wie Kinder selbstgesteuert Lesen lernen. Lehrerkommentar Band 1. Zürich 1982.